Ruth Kamm

Leben im Grenzgebiet
Meine Jugend in Oberschlesien

Leben im Grenzgebiet
Meine Jugend in Oberschlesien

Ruth Kamm

© 2016 Ruth Kamm
Redaktion: Wolfgang Mayer
Lektorat, Satz, Umschlaggestaltung:
Anja-Nadine Mayer

Herstellung und Verlag:
BoD – Books on Demand, Norderstedt

ISBN: 978-3-7412-8425-0

Bibliografische Information der Deutschen Nationalbibliothek:
Die Deutsche Nationalbibliothek verzeichnet diese Publikation
in der Deutschen Nationalbibliografie;
detaillierte bibliografische Daten sind im Internet über
http://dnb.dnb.de abrufbar.

Für meine Töchter
und Enkelkinder

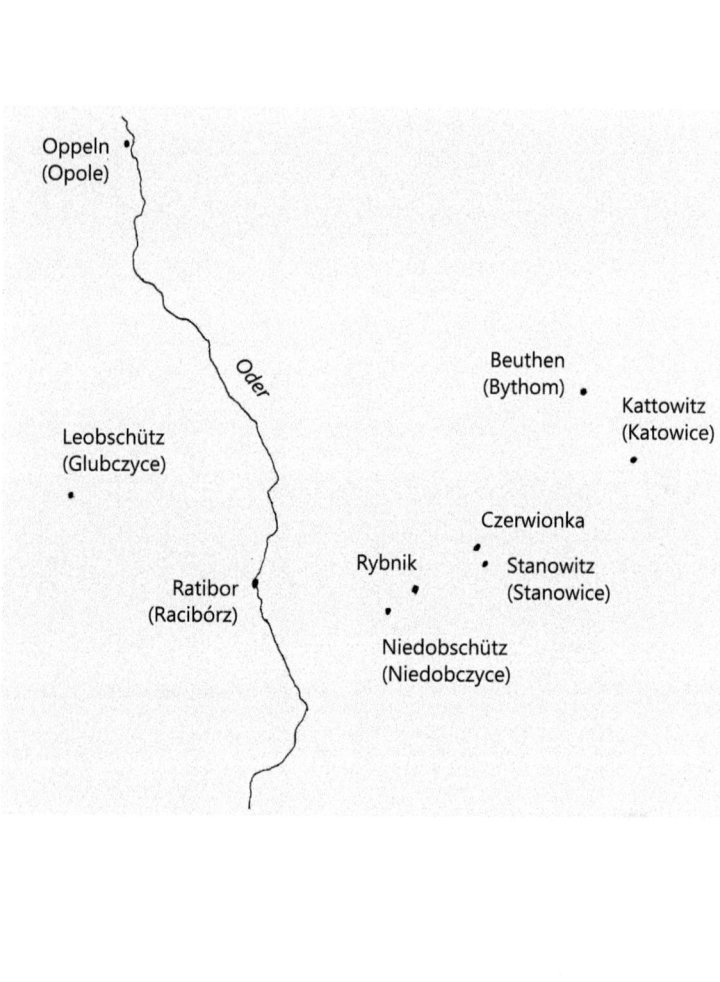

Vorwort

Vor langer Zeit trug ich mich erstmals mit dem Gedanken, meine Lebens- und Familiengeschichte aufzuschreiben. Mein lieber Mann Bertold lächelte damals und meinte: »Wozu diese Mühe? Das wandert, wenn du nicht mehr lebst, sowieso auf dem Müllhaufen.« Also ließ ich die Idee erst einmal fallen.

Eines Tages – es war in den 80er Jahren – kam unsere Tochter Desiree aus Bremen zu Besuch. Bertold war in seiner damaligen Position als Erster Vizepräsident des Bayerischen Landtags wieder einmal fern von zuhause. Die Gelegenheit nutzte Desiree und fragte: »Mama, kann ich heute bei dir schlafen?«

Als wir im Bett lagen, sagte Desi: »Mama, erzähl mir etwas aus deinem Leben, deiner Kindheit und deiner Heimat.«

Erstaunt und erfreut über ihr Interesse fing ich an zu erzählen. Es wurde eine lange Nacht.

Dies bestärkte mich, nun doch meine Lebensgeschichte niederzuschreiben. Aber ich stolperte über die Frage nach der Heimat. Wo oder was ist Heimat? Wenn ich ehrlich sein soll, so kann ich mit dem Begriff nicht viel anfangen. Ich habe in meiner Jugend in zwei Ländern und drei verschiedenen Orten eine

Zeit lang gelebt und es hat mir dort jeweils gefallen. Es war ein Leben im Grenzgebiet.

Ich spreche nur von mir und meinem Gefühl, das ich bei dem Begriff Heimat habe. Für mich ist es das Elternhaus und das familiäre, das menschliche Umfeld, in dem man aufwächst und das einem Geborgenheit und Liebe gibt. Mit einem Land oder einem Ort kann ich das Wort nicht in Verbindung bringen. Auch Sitten und Gebräuche können bei mir kein ›Heimatgefühl‹ auslösen. Ich liebe zum Beispiel russische Männerchöre, weil die Musik und ihre Gesangskunst mir einfach ein Wohlgefühl vermitteln. Ich könnte sie stundenlang hören. Aber mit Heimat hat das wirklich nichts zu tun.

Das gibt's nur einmal ...

Das gibt's nur einmal,
das kommt nicht wieder,
das ist zu schön, um wahr zu sein!
So wie ein Wunder
fällt auf uns nieder
vom Paradies ein gold'ner Schein.

Was hat dieses Lied – mit dem Text von Robert Gilbert zur Musik von W. R. Hermann – mit meiner Lebensgeschichte zu tun? Es war einer der Schlager der ›Goldenen Zwanziger Jahre‹, in die ich hineingeboren wurde. Doch war die Zeit wirklich so golden?

Mit dem Ende des Ersten Weltkrieges hatte eine neue Epoche begonnen, die Zeit der Weimarer Republik. Monarchien verschwanden und Republiken entstanden an ihrer Stelle. Es war jedoch eine Zeit voller Widersprüche. Auf der einen Seite befand sich die Wirtschaft im Aufschwung und Spekulanten und Schieber hatten Hochkonjunktur. Kunst und Kultur blühten, in den Ballsälen der Städte wiegte sich ein versnobtes Bürgertum im Tanz.

Die Arbeiter, auf der anderen Seite, lebten im Elend. Viele Familien hausten in nassen, ungesunden

Kellerwohnungen. Ganze Familien, einschließlich der Kinder, waren zu Heimarbeit gezwungen, um die Not zu lindern.

So waren jene Jahre auch eine Zeit des politischen Kampfes. Die SPD und die Gewerkschaften stritten für den Frieden, um Freiheit und Brüderlichkeit und für ein menschenwürdiges Leben der Arbeitenden: Soziale Sicherheit, geregelte Arbeitszeit, Kündigungsschutz, der Achtstundentag, das allgemeine Wahlrecht, der Schutz vor Entlassung bei Krankheit, ein Anspruch auf Urlaub und eine anständige Rente, Zugang zu höherer Bildung – das ist heute selbstverständlich, musste aber damals noch erkämpft werden.

Meine Eltern

Das wusste man einfach: ›Die Liebe kommt beim Bettenmachen.‹ Dieser Weisheit verdanke ich, Ruth Kamm, geborene Spendel, dass ich in Niedobczyce, Kreis Rybnik im polnischen Oberschlesien, auf die Welt kam. Meine Eltern gehörten dem ›gutbürgerlichen Mittelstand‹ mit einer teils konservativen, teils liberalen Einstellung an – konservativ hinsichtlich der Moralerziehung im Sinne der katholischen Kirche, und liberal, was die gesellschaftliche Entwicklung betraf. Über Liebe und Sexualität zu sprechen war ein Tabu. Der Spruch von der Liebe, die beim Bettenmachen käme, war die übliche Form der Aufklärung zur Zeit meiner Eltern.

Dabei waren meine Eltern gebildete Leute. Mein Vater Alfons, Jahrgang 1891, war 18 Jahre älter als meine Mutter Erna, geborene Stanik. Er hatte Maschinentechnik studiert und einen Abschluss als Maschineningenieur. Damit bekam er den Posten des verantwortlichen Leiters alles ›Technischen‹ auf der Römergrube in Niedobczyce. Der Betrieb war ein sozial eingestelltes Unternehmen. Mama hätte nach dem Gymnasium gern Medizin studiert, aber wegen einer Erkrankung ihrer Mutter Klara, geborene Jonczyk, musste sie sich als die große Tochter trotz der Hausangestellten um die jüngeren Geschwister kümmern. Das entsprach der allgemeinen Vorstellung zu jener Zeit: Buben sollten etwas studieren, Mädchen sollten heiraten – natürlich standesgemäß. Mit der guten beruflichen Position meines Vaters stand einer Familiengründung nichts im Wege.

Es geschah am 23. August 1924. Das war ein Samstag. Zu jener Zeit waren Hausgeburten selbstverständlich. So waren meine Großmutter Klara mütterlicherseits und die Hebamme im Haus und trafen alle Vorbereitungen für die Niederkunft. Meine mit 20 Jahren junge, unwissende Mutter verspürte einen Druck. Sie verwechselte die Geburtswehen mit dem Drang des Stuhlgangs und ging zur Toilette. Die beiden anderen Frauen hörten von dort ihren Schrei. Die Hebamme eilte herbei und ihr habe ich es zu verdanken, dass ich nicht in der Toilettenschüssel landete.

Ein denkwürdiges Jahr

Was war dieser 23. August 1924 doch für ein denkwürdiger Tag! Außer mir erblickte noch der Schriftsteller und Regisseur Ephraim Kishon in Budapest das Licht der Welt. Wir teilten das Tierkreiszeichen Löwe. Nach dem chinesischen Kalender schrieb man das Jahr der Holz-Ratte.

Die Schlagzeile des Monats war: Nach dem Plan des amerikanischen Bankiers und Politikers Charles Gates Dawes waren eine Woche vor meiner Geburt die Reparationszahlungen Deutschlands an die Siegermächte des Ersten Weltkrieges geregelt worden. Das Deutsche Reich sollte noch in diesem Jahr eine Milliarde Goldmark als erste Rate zahlen. Die Raten sollten bis 1928 auf fünf Milliarden Goldmark erhöht werden. Das Modell war auf die Interessen der amerikanischen Geschäftswelt ausgerichtet: Der Plan ging von einer wirtschaftlichen Erholung Deutschlands aus. Von diesem Aufschwung wollten die Unternehmer in den alliierten Ländern profitieren. Dawes erhielt für seinen Vorschlag 1925 den Friedensnobelpreis.

Als kulturelles Ereignis ist die Uraufführung des Films *Die Nibelungen* von Fritz Lang zu nennen. Nach langer Pause wegen des Krieges fanden in Bayreuth wieder Wagnerfestspiele statt, mit den *Meistersingern* unter der Gesamtleitung von Siegfried Wagner. Von den Olympischen Spielen in Paris blieb Deutschland – wie schon 1920 in Antwerpen – ausgeschlossen.

Im November wurde einer der ersten Verträge unterzeichnet, die als MICUM-Abkommen in die Geschichtsbücher eingingen und die Besetzung des Ruhrgebiets durch Frankreich beendeten. In der Sowjetunion kam nach dem Tode Lenins am 21. Januar 1924 mit Josef Stalin ein neuer Herrscher an die Macht.

In der Chronik meines Geburtsjahres steht weiter geschrieben, dass der Monatslohn eines Industriearbeiters bei durchschnittlich 128,50 Reichsmark lag. Ein Kilogramm Brot kostete 31 Reichspfennige, der Liter Bier 35 Reichspfennige und das Pfund Butter 2,30 Reichsmark. Nach der Statistik gab es im Jahr 1924 mehr als 2000 Streiks. Dabei ging es weniger um Lohnerhöhungen als um die Wiedereinführung des Achtstundentags. Diese gewerkschaftliche Errungenschaft war 1918/19 erzielt worden, doch um den wirtschaftlichen Aufschwung zu fördern, war im Dezember 1923 der Achtstundentag wieder aufgehoben worden. Im Durchschnitt lag die Grenze jetzt bei 59 Stunden die Woche, für Schwerarbeiter galten 54 Stunden.

Die Dollar-Prinzessin

Meine Mutter nannte mich ihre ›Dollar-Prinzessin‹. Die Operette mit diesem Titel hatte Leo Fall 1907 in Wien auf die Bühne gebracht, und es ging dabei um viel Geld. Ich kostete meinen Eltern ebenfalls viel Geld. Wegen der Hyperinflation in jenen Tagen mussten sie allein schon für meine Windel eine Million Reichsmark zahlen.

Nach den ersten acht Wochen meines Erdendaseins bereitete ich meinen Eltern große Sorgen. Tagsüber schlief ich, aber nachts brüllte ich stundenlang. Meine Mutter wusste sich nicht mehr zu helfen. Da es damals noch keine Mütterberatungsstellen gab, wurde der Hausarzt Dr. Budniok zu Rate gezogen. Mit seinem geschulten Auge stellte er sofort fest, dass ich unterernährt war und einfach Hunger hatte. Der Hausarzt verordnete eine Zusatzernährung für mich. Damit war das Problem gelöst, ich nahm zu und alle Sorgen waren schnell vergessen.

Im August 1927 kam meine Schwester Irmgard zur Welt, und aus war es mit meiner Rolle als Mittelpunkt der Familie. Im Januar 1929 wurde mein Bruder Erhard geboren, der ein tragisches Ende finden sollte.

Meine Familie, 1930. Von links nach rechts:
Schwester Irmgard, Mutter Erna Spendel,
geb. Stanik, Bruder Erhard, Vater Alfons Spendel
und ich

Christoph mit dem Bauchladen

Ein polnisch-oberschlesisches Original war Christoph, der Einsiedler. Seine Kleidung bestand aus einer braunen, langen Kutte, die mit einer dicken Kordel zusammengehalten wurde. Er hatte langes, graues, gelocktes Haar und einen ebensolchen Bart. Vor sich her trug er einen Bauchladen mit kleinen Gebrauchsgegenständen wie Gummibändern, Stopfgarn, Nähnadeln, Schuhcreme und so weiter. Wir Kinder fürchteten uns vor ihm. Wir verstanden seine Späße und Grimassen nicht.

Christoph legte es immer wieder darauf an, mit dem Gesetz in Konflikt zu geraten. Er war darauf aus, die Wintermonate im Gefängnis zu verbringen. So sparte er Geld, um sich seine ›Klause‹ leisten zu können.

Man konnte Christoph als eine Schelmenfigur nach Art des Till Eulenspiegel bezeichnen. Typisch war der folgende Streich aus der Zeit der politischen Wirren zwischen 1920 und 1922 – also noch vor meiner Geburt: Eines Tages war vor einer Oder-Brücke ein Plakat zu sehen, das warnte: »Morgen wird die Brücke gesprengt.« Eine Zeit lang kontrollierten damals britische, italienische und vor allem französische Truppen vor einer geplanten Volksabstimmung

Teile von Oberschlesien. Um nun den Oder-Übergang zu sichern, fuhren französische Besatzungssoldaten mit Panzern zur Brücke. Wer kam hinzu? Christoph – mit einer Gießkanne. Damit sprengte er die Brücke. Wegen einer Irreführung der Besatzungsmacht wurde er verurteilt und so landete er den Winter über wieder einmal im Knast.

Christoph hatte ein diebisches Vergnügen daran, die Obrigkeit lächerlich zu machen. Ein anderes Mal angelte er an der Oder. Das war verboten. Ein Polizist kam und wollte ihm eine Strafe aufbrummen. Christoph sagte: »Ich angle doch gar nicht.«

»Was tust du denn dann?«, fragte der Polizist.

Christoph zog die Angelschnur hoch, und am Haken war eine Bierflasche befestigt. »Ich habe nur meine Bierflasche im Wasser gekühlt.«

In meinen Erinnerungen an jene frühen Jahre taucht auch der echte Laden auf, durch den wir uns versorgten. Da stand die Frau des Direktors beim Einkaufen neben der Arbeiterfrau. Bei diesen Begegnungen kam es vor, dass die Frau des Direktors darüber klagte, wie ihr Mann am Wochenende ›angesäuselt‹ nach Hause gekommen war. Die Arbeiterfrau mag ihr entgegnet haben: »Meiner auch.« So bekam sie mit, dass es der Frau des Direktors nicht viel anders erging als ihr selbst. Beide brauchten dank dieses Gedankenaustausches im Laden keinen teuren Therapeuten.

Ade, liebes Elternhaus

Im November 1928, als ich gerade vier Jahre alt war, hieß es: Ade, liebes Elternhaus. Es war ein trüber Tag, als mich mein Vater Alfons von Niedobczyce zu meinen Großeltern mütterlicherseits, Franz und Klara Stanik, nach Leobschütz ins Deutsche Reich brachte. Der Ort wurde nun zu meiner Heimat.

In Leobschütz sollte ich in die Schule gehen, und ich sollte mich rechtzeitig an das neue Umfeld gewöhnen. Von Niedobczyce aus hätte ich in die deutsch-polnische Gesamtschule in Rybnik fahren können. Dazu hätte ich aber mit dem Zug fahren müssen. Dies erschien meinen Eltern zu gefährlich.

In Leobschütz konnten mich neben meinen Großeltern die Geschwister meiner Mutter in ihre Obhut nehmen. Tante Malchen war selber eine ausgebildete Lehrerin. Außerdem war da der Onkel Leo, der Jüngste. Er war noch Gymnasiast.

So schien alles bestens geregelt. Trotzdem hatte ich manchmal Heimweh und in einem Versteck weinte ich dann leise vor mich hin. Meine Großeltern sollten mein Heimweh nicht mitbekommen, mit meinen Tränen wollte ich ihnen nicht wehtun. So habe ich früh gelernt, mit nicht leichten Lebenssituationen umzugehen.

Mein Opa Franz Stanik war herzkrank. Er hatte als Elektro-Ingenieur und Werkmeister in der Kohlegrube Dubensko in Czerwionka im Kreis Rybnik gearbeitet – also ebenfalls im polnischen Oberschlesien. Dort wohnte damals die Familie. Die Grube versorgte den Ort samt Arbeitersiedlung und Häusern der Beamten mit Strom. Die Erkrankung meines Opas war die Folge eines Stromschlags, den er von einer Hochspannungsleitung abbekommen hatte. Wenn er nur ein paar Schritte im Garten ging, blieb meinem Opa schon die Luft weg.

Meine Großmutter Klara war ein Beispiel dafür, dass es in jener Zeit schon emanzipierte Frauen gab. Sie hatte drei Berufe. Zum einen war sie Schneider- und Hutmachermeisterin. Diese Handwerke hatte sie von jüdischen Meistern erlernt. Ihr dritter Beruf war der einer Opernsängerin. In einem privaten Theaterverein war sie die erste Solo-Sängerin. Als die Königshütte sich ein richtiges Theater leisten konnte, wurde sie dort sofort übernommen.

Meine Großeltern hatten die politischen Wirren zwischen 1920 und 1922 erlebt – mit drei Aufständen der Polen und einer Volksabstimmung, in der sich fast 60 Prozent der Bewohner Oberschlesiens für Deutschland entschieden. Die Sieger des Ersten Weltkrieges verfügten im Gegensatz zu diesem Votum jedoch 1921 eine Teilung des Gebietes, und der Regierungsbezirk Kattowitz, zu dem Rybnik gehörte, fiel an Polen. Es folgte eine Verfolgungswelle gegen die Bürger mit sogenannter ›deutscher Gesinnung‹.

In einem großen Sarg mit Luftlöchern wurde der Opa Franz Stanik auf die deutsche Seite gebracht. Als der Aufstand vorüber war, holte man meinen Opa zurück.

Sehen, aber nicht wollen

Wir bekamen nicht alles, was wir uns wünschten, und das war so ganz in Ordnung. Wir wurden nach dem Motto erzogen: ›Ein braves Kind muss sehen, aber nicht wollen‹ – auch wenn es bei dem Wunsch manchmal nur um eine Tüte Eis ging.

›Einen Menschen schlägt man nicht, und ein Kind schon gar nicht – es muss aufs Wort folgen‹, lautete ein anderes Erziehungsprinzip meiner Großeltern. Statt Schläge zu verteilen, sollten Eltern viel erklären, warum ein Kind dieses oder jenes nicht tun dürfe. Ich erinnere mich gut an weitere Sprüche: ›Wenn Du nicht willst, was man Dir tu', das füg auch keinem anderen zu‹. Oder: ›Es ist nichts so fein gesponnen, es kommt doch ans Licht der Sonnen‹.

Meine Oma sagte immer: »Du hast Respekt und Achtung vor allen Menschen zu haben.« Sie erklärte mir: »Die Frau im Urwald hat den Busen an der gleichen Stelle wie deine Mutter. Sie hat nur eine andere Hautfarbe, eine andere Sprache und andere Gebräuche. Bilde dir nicht ein, dass du etwas Auserkorenes bist.«

Achtung sollte man auch vor Tieren und Pflanzen bewahren: »Alles ist Gottes Schöpfung.« So durfte man ihr zum Beispiel keine Schnittblumen schenken.

Meine Großmutter Klara war überzeugt: »Wenn sich die Menschen an diese einfachen Regeln halten würden, dann hätten wir eine bessere Welt.« Weil bei uns keine Blumen geschnitten wurden und alles in voller Pracht stehenblieb, wurde einmal der Vorgarten am Haus meiner Großeltern von der Stadt Leobschütz als der schönste ausgezeichnet.

Im Haus wohnte übrigens oben im ersten Stock ein Rechtsanwalt namens Fehrer. Er war Jude. Meine Oma half ihm später, sich vor den Nazis ins Ausland zu retten.

Meine Großmutter
Klara Stanik, geb. Jonczyk,
1929

A bissel meschugge

Ich hatte im Grunde eine sehr schöne Kinderzeit. Mit Spielzeug wurden wir als Kinder allerdings nicht verwöhnt. Gern hörte ich zu, wenn mein Großvater Franz Stanik die Märchen der Gebrüder Grimm vorlas – zum Beispiel vom Rotkäppchen und von Schneewittchen und den sieben Zwergen.

In der Hindenburgstraße, in der das Haus meiner Großeltern stand, wohnten vor allem Post- und Bahnbeamte. Diese Familien waren kinderreich, und so hatte ich genügend Spielfreunde. In der Gruppe der Kinder wussten wir uns gut zu beschäftigen. Ich war sehr naturverbunden, und meine Großeltern ließen mir allen freien Raum, um mich auszutoben. Oma Klara meinte bloß immer: »Komm mir nicht mit gebrochenen Gliedern heim.« Sie hielt mich einfach für ›a bissel meschugge‹ – der jiddische Ausdruck für verrückt.

Vor den Wohnhäusern stand ein kleiner Wald, dahinter verlief ein Promenadenweg mit Bänken entlang dem Flüsschen Zinna. Nicht weit entfernt war viel Wiese und waren Felder. Da es damals noch kaum Autoverkehr gab, konnten wir außerdem auf der Straße Völkerball spielen.

Auf der Wiese markierten wir mit Steinen ein Ziel, und Mädchen und Jungen veranstalteten um die Wette ein Purzelbaumrennen. Kein Baum war für mich zu hoch, um raufzuklettern, und kein Wasser zu tief, um nicht darüberzuspringen. Einmal wäre ich allerdings fast ertrunken. Wir sind über das Flüsschen Zinna hin und her gesprungen, das in seinem Verlauf immer breiter wurde. Kurz vor einem Wehr fiel ich ins Wasser. Ich wäre ertrunken, wenn mich die älteren Jungen nicht herausgezogen hätten.

Die Wasserratte

In Leobschütz wurde ich zu einer regelrechten Wasserratte. Nicht weit entfernt vom Haus meiner Großeltern befand sich das große Freibad auf der Kreuzendorfer Wiese. Dort verbrachte ich im Sommer die meiste Zeit. In der Nachbarschaft wohnte der Herr Fuchs, ein Sportlehrer und Schwimmmeister im Freibad. Er beobachtete mich und eines Tages nahm er mich an die Hand: »Heute bringe ich Dir das Springen vom Turm bei.«

Vom Einmeterbrett aus war das kein Problem. Danach ging es aufs Dreimeterbrett. Vorsichtshalber legte mir Herr Fuchs die ›Sprungleine‹ an. Herr Fuchs zählte bis drei, doch wer nicht sprang, das war ich. Er versuchte es aufs Neue und stellte sich dicht hinter mich. Zum Zählen hüpfte er, ich verlor die Balance, erfasste beim Sprung seine Badehose und zog ihn ohne die Hose ins Wasser. Als wir beide wieder auftauchten, empfing uns Gelächter und der Beifall der umstehenden Badegäste. Jetzt musste ich dem nackten Herrn Fuchs schnell eine andere Badehose holen. Meine Angst war jetzt überwunden, und problemlos brachte mir Herr Fuchs noch den Kopfsprung ins Wasser bei.

Später, in meiner ›Backfischzeit‹ (heute sagt man Teenagerzeit) zog mich der Herr Fuchs immer wieder mit dem Sprungerlebnis auf, wenn wir uns begegneten: »Ja, ja, die Ruthel, die hat schon mit ihren sechs Jahren versucht, mir die Hosen auszuziehen.«

Ich habe ihm das nicht verübelt. Ich war ihm dankbar, denn als ich in die Schule kam, beherrschte ich bereits das Turmspringen. Ich war meinen Schulkameradinnen um einiges voraus und bei meiner Sportlehrerin gut angesehen. Wer will so etwas nicht?

Das Kreuz mit dem Rechnen

Mit fünfeinhalb Jahren, zu Ostern 1930, kam ich in Leobschütz in die Schule. Tante Malchen begleitete mich. Voller Erwartung der Dinge, die kommen würden, doch auch ein wenig ängstlich nahm ich auf einer der Bänke Platz. Eine große, schlanke Dame mit einem langen, grauen Rock und einer weißen Bluse mit Halsrüsche begrüßte uns und stellte sich als Fräulein Krause vor – unsere Lehrerin. Auf ihre Frage nach meinem Namen sagte ich ihn brav und verständlich. Alle weiteren Daten steuerte meine Tante bei. Anschließend wurden uns unsere Plätze zugewiesen und wir bekamen den Stundenplan für das erste Halbjahr ausgehändigt. Endlich erhielten wir dann unsere Schultüte mit dem jeweiligen Namen. So endete mein erster Schultag.

Am zweiten Schultag musste ich, das überaktive Naturkind, einen Schock verdauen. Ich verhielt mich wie immer, doch plötzlich zog mich das Fräulein Krause mit hartem Griff aus der Bank: »Du musst ruhig sitzen und darfst nicht mit Deinen Nachbarn schwätzen.« Ich bekam meinen ersten Verweis. Meine Freude auf die Schule war auf null gesunken.

Trotz alledem waren meine Schulleistungen befriedigend bis gut.

Nur: Da war das Rechnen – montags, dienstags und donnerstags in der ersten Stunde. Vor Angst konnte ich morgens nichts mehr essen, mir war schlecht und auf dem Schulweg musste ich mich übergeben. Ich wurde ernsthaft krank. Ich erwischte so gut wie fast alle Infektionskrankheiten: Zu Masern, Windpocken, Ziegenpeter, Diphterie und Scharlach kam eine doppelte Lungen- und Rippenfellentzündung hinzu. Geschwächt von all den Krankheiten, wurde ich dank eines ärztlichen Attests für ein Jahr vom Schulbesuch befreit. Darüber war ich nicht traurig. Es war für mich eine Erlösung.

Der Besuch des Lyzeums – wie üblich nach vier Jahren Grundschule – war in meinem Fall nur ein kurzes Intermezzo. Ich versagte völlig in Mathe, und meine Schulangst verstärkte sich. Ich heulte vor jedem Tag, an dem Mathe auf dem Stundenplan stand, und kränkelte sehr oft. Meine Mutter beschloss daraufhin, mich zurück auf die Grundschule zu schicken. Die Entscheidung fiel ihr umso leichter, als damals für den Besuch einer Höheren Schule wie dem Lyzeum ein Schulgeld verlangt wurde – und mein Vater arbeitslos geworden war. Da ich ohnehin ständig davon sprach, dass ich Schauspielerin oder Tänzerin werden wolle, fand es auch mein Vater nicht so wichtig, dass ich das Abitur machte.

Die Entscheidung war genau richtig. Meine weitere Schulzeit verlief ohne größere Schwierigkeiten.

Meine Leistungen waren gut, im Abschlusszeugnis hatte ich in allen Fächern ein ›glattes gut‹ – sogar in Mathe. Zu verdanken hatte ich das meiner Klassenlehrerin, der Frau Wilhelm, die eine ausgezeichnete Pädagogin war. Sie war eigentlich schon pensioniert und Großmutter, aber weil immer mehr Männer zur Wehrmacht eingezogen und in den Krieg geschickt wurden, mangelte es an Lehrern. So war sie in den Schuldienst zurückgeholt worden. Frau Wilhelm nahm mir die Schulangst. Mein Fazit: Eine gute Lehrerin muss Liebe und Verständnis für Kinder haben und die Gabe, den Lehrstoff so zu vermitteln, dass er tatsächlich verstanden wird.

Dass die Schulzeit meine schönste Zeit gewesen wäre, kann ich allerdings im Nachhinein nicht behaupten.

Politik im Herrenzimmer

Manchmal schickte mich meine Großmutter ins Herrenzimmer, um zu fragen, ob die Herren etwas zu trinken bräuchten. Die Herren, die sich dort trafen, unterbrachen ihr Gespräch, wenn ich eintrat. Es war offensichtlich, dass sie über Dinge sprachen, die ich nicht hören sollte. Diese Geheimnistuerei löste in mir unangenehme Gefühle aus. Natürlich machte mich das neugierig, und so habe ich einmal heimlich gelauscht.

Die Herren, darunter war neben meinem Opa der Pater Bolza aus dem Missionshaus Maria-Treu der Steyler Missionare. Dem katholischen Orden, benannt nach dem Gründungsort Steyl in den Niederlanden, gehörte das Nachbargrundstück, und dort hatten sie ihr Internat. In der Runde befanden sich ferner der Direktor Rother, Chefarzt des Kreiskrankenhauses in Leobschütz – ein Jude – und der Wirtschaftsprüfer Baier, ein Sozialdemokrat, der später von den Nationalsozialisten für einige Zeit ins Gefängnis gesteckt wurde.

Die Herren politisierten. »Ja, mit den Nazis, das wird Deutschland einmal teuer zu stehen kommen«, schnappte ich einen Satz auf. Ich war damals zu jung, um zu verstehen, worum es ging. Sehr viel später wurde mir klar: Bei meinem Opa, da konnten sich die Herren sorglos heimlich treffen. Mein Opa Franz Stanik war wie die Gäste ein Gegner der Hitler-Partei.

Mein Opa war ein überzeugter Demokrat, gehörte aber keiner Partei an. »Wer in der Demokratie lebt, der muss auch zur Wahl gehen, ansonsten darf er später nicht meckern«, habe ich meinen Opa oft reden hören. Vor Wahlen – egal ob zum Stadtrat, Landtag oder Reichstag – hat er sich über die Informationsschriften der jeweiligen Parteien kundig gemacht, um seine Wahlentscheidung zu treffen. Das Zentrum, die Liberalen oder die SPD waren die Parteien, die er von Fall zu Fall wählte. So war mein Opa ein typischer Wechselwähler. Es war aber das Schicksal der Weimarer Republik, dass es zu wenige Demokraten gab. Das Militär, das eng mit der Adels-Clique verbunden war, sowie das deutsch-nationale Großbürgertum, sie waren im Grunde Gegner der Demokratie.

Als die ersten Nazis in Uniform im Ort auftraten, da hielt mein Opa meinem Onkel Leo, der ja noch Gymnasiast war, eine regelrechte Predigt. Es ging dem Opa wiederum um den Sinn der Demokratie, und die Nazis waren nach seiner Feststellung keine Demokraten.

Mein Opa starb im Januar 1933 – einen Tag vor der Ernennung Adolf Hitlers zum Reichskanzler durch Reichspräsident Paul von Hindenburg. So musste er die Folgen der Machtergreifung durch die

Nazis nicht mehr erleben. Damit tröstete sich meine Oma Klara: »Gott sei Dank, Franz, du hast die Machtergreifung dieser Braunhemden nicht mehr erlebt«, hörte ich sie öfters sagen.

Der genannte Spruch meines Opas Franz Stanik gilt heute noch. Der Nürnberger Kulturhistoriker Dr. Hermann Glaser brachte es mit dieser Formulierung auf den Punkt: »Wer in der Demokratie schläft, wacht in der Diktatur auf.«

Mein Großvater
Franz Stanik, 1929

Der Samen nationalen Wahns

Es hatte nach den anfänglichen Spannungen eigentlich reibungslos funktioniert, das Miteinander von ›National-Polen‹ und ›deutsch-gesinnten Polen‹, wie man die zwei Bevölkerungsgruppen in Oberschlesien bezeichnete.

Eigentlich war die ganze Region multikulturell ausgerichtet. Sogar die Sprachen vermischten sich. In der Umgangssprache war ein Dialekt gebräuchlich, in der sich Polnisch mit deutschen und jiddischen Einflüssen verband. Man nannte jene, die diesen Dialekt benutzten, die ›Wasser-Polacken‹ – wegen der ›verwässerten‹ Aussprache des Polnischen. Auf meine Großeltern und Eltern traf das nicht zu: Sie sprachen neben deutsch ein reines Hochpolnisch.

Die Familien besuchten sich im polnischen Oberschlesien wie eben auch in Niedobczyce gegenseitig und pflegten Freundschaften – viel mehr als in der heutigen Zeit, in der Familien vor dem Fernsehapparat sitzen. Es wurde gespielt, musiziert und über Gott und die Welt diskutiert. Doch als Hitler an die Macht kam, begann auch im polnischen Oberschlesien der Samen des nationalen Wahns zu keimen. Das Blatt wendete sich. Die Bevölkerungsgruppen in

Niedobczyce schotteten sich voneinander ab. Plötzlich gab es keine Einladungen mehr von den einen zu den anderen.

Erst sehr viel später habe ich erfahren, dass während der deutschen Besetzung Polens beabsichtigt war – und zum Teil umgesetzt wurde –, die polnische ›Intelligenz-Schicht‹ zu vernichten. Deshalb gab es in Krakau zum Beispiel Schulen im Untergrund, um der Verfolgung zu entgehen. Belegt ist der sogenannte Lemberger Professorenmord: In der Nacht vom 3. Auf den 4. Juli 1941 wurden in dieser Stadt 25 Professoren und 13 ihrer Angehörigen von der Gestapo verhaftet und erschossen.

Wo Bücher brennen

Nach der Machtergreifung Adolf Hitlers wurden die Nationalsozialisten immer aggressiver. Sie zeigten nun ihr wahres Gesicht – zum Beispiel mit der Bücherverbrennung am 10. Mai 1933, die vom Nationalsozialistischen Deutschen Studentenbund geleitet wurde. Sie war Teil einer ›Aktion wider den undeutschen Geist‹.

In der Zeitung sah ich das Bild, wie Bücher in einen brennenden Stapel hineingeworfen wurden. Mein Vater meinte: »Es ist bloß gut, dass sie keine Durchsuchung in unseren Häusern gemacht haben. Sonst wäre jetzt unsere Sammlung von Tucholsky-Werken weg. Wie kann man sich nur an Büchern vergreifen?«

Es war zu dieser Zeit nicht vorhersehbar, dass sich bald bewahrheiten sollte, was der Dichter Heinrich Heine schon 1821 geschrieben hatte: »Dort wo man Bücher verbrennt, verbrennt man auch am Ende Menschen.«

Die Zeitungen verbreiteten immer offener die Propaganda der Nazis. Viel mehr Gewicht hatte allerdings der Rundfunk. Am 29. Oktober 1923, zehn Monate vor meiner Geburt, war in Deutschland die erste Unterhaltungssendung ausgestrahlt worden. Das

Medium verbreitete sich rasch. Meine Großmutter Klara besaß ein Gerät der Marke Saba, und in der Ecke des Wohnzimmers meiner Eltern stand ein sogenannter Volksempfänger. Diese vergleichsweise billigen Apparate waren auf der Großen Deutschen Funkausstellung 1933 vorgestellt worden und sollten die Bevölkerung für die Nazi-Propaganda besser erreichbar machen. Ich hörte manchmal Schlager, die ebenfalls ausgesendet wurden. Eines Tages zog meine Mutter mitten in der Sendung den Stecker heraus und verbannte das Radio auf den Schrank. Sie meinte, ich solle lieber Klavier spielen üben.

Das Gerät muss dann wieder hergeholt worden sein. Nach der typischen Erkennungsmelodie unterbrachen Sondermeldungen die regulären Radiosendungen. Einmal ging es darum, wie viele Bruttoregistertonnen von feindlichen Schiffen die deutsche Marine im Meer versenkt habe. Mein Vater schaltete das Gerät voller Wut aus und meinte kopfschüttelnd: »Wir werden uns noch zu Tode siegen. Am Ende wird Deutschland versenkt.«

Meine Mutter bremste seine Rede: »Alfons, die Kinder!«

Aber wir Kinder waren schon gescheit genug, dass wir begriffen: Solche Reden, wie wir sie hörten und die den Siegesparolen der Nazis widersprachen, waren gefährlich. Wir sollten sie lieber nicht aus der Familie nach außen tragen.

Die Weltwirtschaftskrise

Die Weltwirtschaftskrise hatte auf der anderen Seite des Atlantiks mit dem Schwarzen Freitag an der Wall Street am 25. Oktober 1929 begonnen. Die Ursache war eine riesige Spekulationsblase. Die Unternehmer steckten ihr Geld lieber in Aktien als in die Fabriken. Die Blase platzte. Mit der Wirtschaftskrise endeten die ›Goldenen Zwanziger Jahre‹.

Im Juli 1931 wurde auch in Berlin die erste Großbank illiquide. Die Menschen stürmten die Banken, und die Banken wurden geschlossen. Für die Wirtschaft gab es keine Kredite mehr. Vor allem Kleinunternehmer schlitterten in den Ruin. Als Folge gab es in Deutschland auf dem Höhepunkt der Krise über sechs Millionen Arbeitslose.

Polen geriet ebenfalls in den Strudel der Weltwirtschaftskrise. Es traf auch die Römergrube in Rybnik, in der mein Vater arbeitete. Wer kein ›National-Pole‹ war, wurde im polnischen Oberschlesien als erstes entlassen. So widerfuhr es 1936 auch meinem Vater.

Da mein Vater also arbeitslos war, siedelten meine Eltern ebenfalls nach Leobschütz ins Deutsche Reich um. Meine Freude war groß, als meine Eltern und Geschwister bei den Großeltern auftauchten. Die

Einbürgerung kostete ziemlich viel Geld, das meine Großmutter vorstreckte.

Das Doppelhaus der Familie Stanik/Spendel in Leobschütz, 1930/1931. Im Vordergrund (von links nach rechts) ich mit meinen Geschwistern Erhard und Irmgard

Nachdem er deutscher Staatsbürger geworden war, bekam mein Vater sofort eine Anstellung in Deutschland – als Aufseher in der seit 1876 bestehenden Carsten-Zentrum-Grube in Beuthen. So zogen wir also von Leobschütz nach Beuthen – zunächst in die Barbarastraße 8 und später in die Kleinfeldstraße. Das bedeutete für mich: Schon wieder ein anderer Ort!

Der Job in der Carsten-Zentrum-Grube entsprach allerdings nicht den Vorstellungen, die mein Vater als ausgebildeter Ingenieur hatte. Die Arbeit unter Tage, das erschien meiner Mutter auch arg gefährlich. Mein Vater stieß auf die Ausschreibung einer Stelle in der technischen Abteilung der Marineverwaltung in Wilhelmshafen. Dorthin ging er also, im Rang eines Offiziers. Er verfügte dort über keine geeignete Wohnung, und so blieb meine Mutter mit mir und meiner Schwester in Beuthen.

Wilhelmshafen war für meinen Vater nur ein berufliches Intermezzo. Nach dem Einmarsch in Polen wurde meine Geburtsstadt ebenfalls deutsch, und die Verwaltung der Römergrube forderte meinen Vater an – so kam er Anfang 1940 auf seinen früheren Posten als technischer Leiter zurück. Ein weiteres Mal wurde ein Umzug fällig.

Mein Vater bekam später das Angebot, als Grubendirektor in die Ukraine zu gehen, und er spielte tatsächlich mit dem Gedanken, die Offerte anzunehmen. Daheim gab es deswegen einen ziemlichen Krach. Meine Mutter wollte partout nicht weiter in Richtung Osten ziehen. Wir blieben in Niedobczyce.

Zum BDM gezwungen

Nachdem ich zusammen mit meinen Eltern die deutsche Staatsbürgerschaft erworben hatte, erhielt ich in der Schule in Beuthen das Formular zum Beitritt in die Hitler-Jugend beziehungsweise den Bund Deutscher Mädel (BDM) als dessen weiblichen Zweig. Das Papier mussten die Eltern nur noch unterschreiben. Aber meine Mutter weigerte sich und zerriss das Formular. Sie sagte: »Ich habe mein Kind nicht zur Welt gebracht, dass es der Staat oder die Kirche erzieht. Das will ich schon selber tun.«

Ich bekam in der Schule das besagte Formular ein weiteres Mal ausgehändigt, doch meine Mutter zerriss es wieder. Meine Lehrerin, Frau Pollak, war genervt und drohte: »Wenn Deine Mutter das nicht unterschreibt, müsst ihr Strafe zahlen.« Von fünf Reichsmark war die Rede.

Die Drohung brach den Widerstand meiner Mutter. Sie entschied: »Das Geld haben wir nicht – geh also hin.« Sie unterschrieb.

So geriet ich förmlich auf die Liste des BDM. Dort war ich unter der Mitgliedsnummer 2.701.672 registriert. Nach den üblichen Regeln sollte ich später, nach Vollendung des 18. Lebensjahres, am 1. September 1942, automatisch in das Verzeichnis der NSDAP übernommen werden, ohne gefragt zu werden – mit der Mitgliedsnummer 9.127.122. Mir, dem leidenschaftlichen Kulturfan, hat alleine schon die Uniform gestunken, die wir beim BDM verpasst bekamen.

Ich nahm zu jener Zeit Schauspielunterricht bei der Schauspielerin Lotte Fust vom Beuthener Stadttheater. Zum Glück hatte ich eine Mädelscharführerin, die darüber Bescheid wusste und mich bei Stegreifspielen vom BDM einsetzte. Dafür war ich vom normalen wöchentlichen BDM-Dienst befreit. Mein Dienst bei der Hitler-Jugend beschränkte sich also darauf, Theatergruppen beim Einstudieren von Texten zu helfen und ihnen beizubringen, wie man sich auf der Bühne bewegt.

Die Stücke wurden bei Elternabenden aufgeführt. Die Stegreifspiele fanden auf öffentlichen Plätzen statt. Das war eine geschickte Propaganda der Nazis. Eines der Spiele handelte von Eltern, die ihre Kinder nicht zum BDM gehen lassen wollten. Eine BDM-Leiterin kam dann zu den Eltern und erläuterte ihnen, wie toll es bei dem Bund zugehe. Natürlich zeigten sich die Eltern im Spiel am Ende völlig überzeugt. In der Wirklichkeit war das wohl nicht immer der Fall.

Die jüdischen Nachbarn bleiben fort

In Beuthen bekam ich hautnah mit, was den Juden unter der Naziherrschaft widerfuhr. Wir wohnten im zweiten Stock in der Barbarastraße 8, und im Parterre rechts lebte die jüdische Familie Aronson. Von Harry, dem Sohn, bekam ich Nachhilfe in Mathematik – meine Schwachstelle in der Schule.

Nach der Reichskristallnacht vom 9. auf den 10. November 1938 hatten wir schulfrei. Wir mussten auf dem Friedrich-Wilhelm-Platz erscheinen, wo die jüdische Synagoge stand. Sie brannte lichterloh. Vor dem Gebäude hatte die SA etwa 300 Beuthener Juden zusammengetrieben. Unter ihnen sah ich Harry Aronson. Er stand ganz vorne. Ich habe ihm zugewinkt. Harry hielt aber die Hand vor seinen Mund und gab mir auf diese Weise zu verstehen, dass ich nicht mit ihm Kontakt aufnehmen solle.

Schließlich gingen wir nach Hause. So sahen wir nicht, wie drei jüdische Mitbürger in der Synagoge aufgehängt wurden, wie in den Quellen berichtet wird. Die übrig gebliebenen Mauern der Synagoge wurden durch die SA und die vor Ort verbliebene Hitlerjugend gesprengt. Insgesamt wurden damals in Deutschland 1574 Synagogen, jüdische Gebetsstuben und Gemeindeeinrichtungen zerstört. Darunter 161 in Nieder- und Oberschlesien.

Die Aronsons kamen nicht heim. Nie mehr haben wir jemanden von der Familie gesehen. Meine Eltern vermuteten, sie seien in ein Arbeitslager geschickt worden. Ich habe lange Zeit gehofft, dass Harry zurückkäme und mir weiter beim Rechnen helfen würde. Ein Sprichwort lautet: Die Hoffnung stirbt zuletzt. In diesem Fall starb meine Hoffnung auf ein Wiedersehen mit Harry im Laufe der Zeit.

Ich erinnere mich auch an die jüdische Familie Kaminski im Nebenhaus. Auf ihr Söhnchen mit dem Kosenamen ›Engele‹ passten wir ab und zu auf, wenn seine Eltern nicht zuhause waren. Von ihnen weiß ich ebenfalls nicht, was aus ihnen geworden ist.

Außerdem wohnte der jüdische Schriftsteller Max Tau für kurze Zeit im Parterre rechts in der ehemaligen Wohnung der Aronsons. Er konnte rechtzeitig vor der braunen Horde nach Norwegen fliehen. Als erster Schriftsteller erhielt er 1950 den Friedenspreis des Deutschen Buchhandels.

Heute frage ich mich: Ist es den Bürgern im Dritten Reich nicht aufgefallen, dass ihre jüdischen Nachbarn über Nacht verschwanden und nicht mehr zurückkehrten? Ich glaube, es fehlte den meisten einfach an Zivilcourage.

Das Zitat der italienischen Journalistin Franca Magnani hat in jeder Situation bleibenden Wert: »Je mehr Bürger mit Zivilcourage ein Land hat, desto weniger Helden wird es einmal brauchen.« Dies kann man heute mehr denn je unterstreichen.

Schikanen im Landjahrlager

Verstanden habe ich die Warnungen meines Großvaters vor den Nazis, als ich in ein Landjahrlager kam und dort am eigenen Leib Schikanen erlebte. Dieses sogenannte Landjahr war 1935 per Gesetz von den Nazis eingeführt worden. Es war mit einem acht- bis neunmonatigen Aufenthalt zwischen April und Dezember in ländlicher Umgebung verbunden – in ehemaligen Gutshäusern, leerstehenden Fabriken, aufgelösten Bauernhöfen und neuerrichteten Jugendlagern. Unter der Oberaufsicht des Reichserziehungsministeriums wurden dort 14- bis 15-jährige Volksschulabsolventen, die noch keine Lehrstelle hatten, nach Jungen und Mädchen getrennt kaserniert. Das Landjahr war der Türöffner zu weiterführenden Schulen.

Meine Mutter und ich verstanden dies als eine Chance für mich. Es kam die Einladung zu einem Elternabend in der Schule. Das Lager, in das ich kommen sollte, befand sich in Alveslohe, 30 Kilometer nördlich von Hamburg, einer ausgesprochen evangelischen Gegend. Beim Elternabend gab die Leiterin dieses Lagers, Karla Bruhns, Anweisungen, was wir an Wäsche mitzubringen hätten: vier Hemdchen, vier Schlüpfer und so weiter. Auf weitere persönliche

Kleidung sollten wir verzichten, außerdem auf Bücher, dazu gehörten die Bibel und das Gebetbuch. Allenfalls eine Armbanduhr war erlaubt. Begründet wurde das mit dem Platzmangel, denn jeder Teilnehmerin stünde als Schrank nur ein schmaler Spind zur Verfügung. Zum Anziehen bekämen wir Lagerkleidung.

Meine Mutter empfand das alles befremdlich, aber letztlich verständlich. Nach all den Anweisungen meldete sie sich zu Wort. Sie fragte nach der Möglichkeit eines Kirchgangs – betroffen waren 60 katholische Mädchen. Carla Bruhns sagte ihr zu, dass dies einmal im Monat möglich sei. Öfters ginge es nicht – weil sich die nächste katholische Kirche in Bad Bramstedt befand, das nur mit dem Zug erreichbar war.

So kam ich im April 1939 in das Lager. Unsere Gruppenführerinnen waren Inge van Hofen und Ursula Wessoly. Letztere war ganz umgänglich, und manchmal drückte sie ein Auge zu. Sie gab aber ihre Position im Lager bald auf, weil sie sich mit einem Wehrmachtsoffizier verlobt hatte und ihre Hochzeit vorbereitete. Außerdem sagte sie, dass sie ihre ›Fraulichkeit‹ nicht verlieren wolle. Das verstanden wir, denn das Lagerleben war nach den Prinzipien eines Kasernenlebens organisiert.

Insgesamt waren wir 60 katholische Jugendliche aus Beuthen und 20 evangelische Jugendliche aus

Breslau. Die Mehrheit war also katholisch. Wegen des Kirchengangs erlebten wir dann von der Gruppenführerin Inge van Hofen eine subtile Form der Unterdrückung. Nach einem Monat fragte mich meine Mama in einem Brief, ob ich denn schon Gelegenheit gehabt hätte, die Kirche zu besuchen. Wenn nicht, solle ich zur Leiterin des Lagers gehen und sie an das Versprechen erinnern. Das tat ich dann auch.

In der Nacht vor dem Kirchgang folgte eine Schikane der anderen. Kaum waren wir im Bett, so wurden wir von Frau van Hofen wieder herausgehetzt, um ein weiteres Mal den Saal zu schrubben. Dann mussten wir im Keller die Briketts neu sortieren. So wurden wir die ganze Nacht über auf Trab gehalten und wir waren hundemüde, als wir am nächsten Tag tatsächlich in der Kirche ankamen.

Als nach vier Wochen wieder ein Kirchgang anstand, gab es eine Versammlung. Wortführerin war ein Mädchen aus Breslau, die den ›Deutschen Christen‹ angehörte. Das war eine antisemitische Strömung der Protestanten, die sich dem ›Führerprinzip‹ und der Ideologie des Nationalsozialismus unterwarf.

Diese Wortführerin fragte also: »Wollt ihr immer solche Schikanen erleben, bloß weil ihr in die Kirche wollt? Wollt ihr nicht lieber einen ruhigen Sonntag haben, mit einer Morgenfeier im Lager?«

Das wollte die Mehrheit. So besuchten wir während der Zeit im Lager nur dieses eine Mal die Kirche.

Meiner Mutter habe ich das nicht geschrieben. Weil sie überhaupt keine Post mehr von mir bekam, beauftragte sie meinen Vater, nach mir zu sehen. Mein Vater hatte zu dieser Zeit ja eine Anstellung bei der Marine in Wilhelmshaven, und eines Tages erschien er in seiner Offiziersuniform im Lager. Das flößte Respekt ein. Bei einem Spaziergang erzählte ich ihm von den Schikanen wegen des Kirchgangs.

Mein Vater wollte sich darüber gleich bei der Lagerleitung beschweren. Ich bat ihn dringend, das zu unterlassen: »Du fährst wieder weg, doch ich bleibe. Was glaubst du, was für Schikanen wir dann erleben werden?«

So ließ es mein Vater bleiben und ich wurde in Ruhe gelassen. Die Einschüchterung durch das System des Nationalsozialismus hatte gewirkt.

Dem Erziehungsdrill waren wir weiter ausgesetzt. So durften wir zum Beispiel nachts nicht auf die Toilette gehen. Wer pinkeln musste, benutzte seine Badekappe und schüttete den Inhalt aus dem Fenster. Um 22 Uhr wurde stets das Licht ausgemacht. Natürlich kehrte nicht sofort Ruhe ein, wie man uns befohlen hatte. Dann ertönte bald die Trillerpfeife, und alle Mädchen mussten raus und im Hof für eine halbe Stunde antreten.

Ich fing an, den anderen Mädchen Liebesromane nachzuerzählen, die ich daheim gelesen hatte. So wurde es ruhig, und ich avancierte zur Märchentante.

Eine billige Arbeitskraft

Im monatlichen Wechsel wurden wir zu unbezahlter Arbeit bei Klein- und Großbauern eingesetzt. Ich selbst landete als billige Arbeitskraft beim Großbauern Grelk. Bei dieser Familie tauchte ab und zu sonntags der Großgrundbesitzer von Platen auf – einer jener Adeligen, die vom Nationalsozialismus angetan waren. Wenn er erschien, wurde ich abkommandiert, um am Tisch zu servieren. Dazu musste ich mein Festkleid anziehen. Diese Kleider hatten wir selbst genäht. Das Schneidern war ein Teil unseres Lehrplans.

Die Tochter der Grelks hatte ein Kind, und sie war stolz darauf – stolz, dass sie dem ›Führer‹ ein Kind schenken konnte. So verquer dachten manche jungen Leute damals.

Die Grelks hatten außerdem einen Sohn, und wir mochten uns. So nahm er mich manchmal mit, wenn er ausritt. Einmal, als wir wieder alleine waren, fragte er mich, ob es mir denn im Lager gefalle. Wahrheitsgemäß antwortete ich, dass das nicht der Fall sei. Der Sohn der Grelks meinte daraufhin: »Ich bin ja auch kein Nazi, aber man muss vorsichtig sein.« Das war wiederum typisch für die Einschüchterung, mit der die Menschen damals lebten.

Der Sohn des Großbauern machte mich auf das Doppelleben der Lagerführerinnen aufmerksam: »Tagsüber schikanieren sie euch, und nachts machen sie Halligalli mit den Offizieren vom Wehrmachtslager in der Nachbarschaft.«

Das wunderte mich nicht. Denn nachts mussten wir in unseren Schlafsälen im ersten Stock bleiben und durften keinesfalls nach unten gehen, von wo aus der Zugang zum Wohntrakt der Lagerleiterinnen führte. Wir hätten ja mitbekommen können, was dort ablief.

Das Landjahr endete für uns vorzeitig. Wir wurden mit der Begründung nach Hause geschickt, dass man das Lager jetzt für die Wehrmacht brauche. Wozu genau, dass sollten die weiteren Geschichtsereignisse zeigen.

Kind, es ist Krieg

Am 1. September 1939 marschierte die deutsche Wehrmacht ohne vorherige Kriegserklärung in Polen ein. Der völkerrechtswidrige Angriff auf die Zweite Polnische Republik wurde mit einem Überfall auf den *Sender Gleiwitz* erklärt, der den Polen in die Schuhe geschoben wurde, aber tatsächlich von einem SS-Trupp organisiert worden war. Dieses ›Unternehmen Tannenberg‹ war also fingiert, aber das erfuhren wir erst viel später. Außerdem veröffentlichte das Auswärtige Amt eine Liste von Grenzzwischenfällen, die die Polen verursacht hätten.

Hinter dem Angriff stand das Ziel der Nationalsozialisten, für das deutsche ›Herrenvolk‹ im Osten mehr Lebensraum zu gewinnen. Nach Schriften der Nazis gehörten die Polen zu den slawischen Völkern und damit zu den ›Untermenschen‹. Als solche seien sie natürliche Untergebene der ›hochwertigen Germanen‹, hieß es. Somit hätten sie einen ›Nutzwert‹, doch wenn dieser erschöpft sei, könne man sich ihrer ›entledigen‹.

In den Geschichtsquellen findet man beispielsweise die Notiz über eine Besprechung Hitlers mit dem Chef des Oberkommandos der Wehrmacht, Generaloberst Keitel, vom 17. Oktober 1939 über die künftige Gestaltung der polnischen Verhältnisse: »In dem Lande soll ein niedriger Lebensstandard bleiben. Wir wollen dort nur Arbeitskräfte schöpfen.« Lesen brauchte die nichtdeutsche Bevölkerung im Osten nicht können, allenfalls bis 500 zählen.

Es war übel, wie schon die Jugendlichen indoktriniert wurden. Die Jugendführer hielten uns an, das Lied zu singen:

Nach Ostland geht unser Ritt,
Hoch wehet das Banner im Winde,
Die Rosse, sie traben geschwinde,
Auf Brüder die Kräfte gespannt,
Wir reiten in neues Land.

Das war übelste Propaganda, auf die wir getrimmt werden sollten.

Der Überfall sollte den Zweiten Weltkrieg in Europa auslösen. Zwei Tage später erklärten Frankreich und Großbritannien dem Deutschen Reich den Krieg. Am 17. September ließ außerdem Josef Stalin die Rote Armee in Ostpolen einfallen – ebenfalls ohne vorherige Kriegserklärung. Ein sowjetisch-deutscher ›Grenz- und Freundschaftsvertrag‹ besiegelte am 28. September die Aufteilung Polens.

Wie ich von dem Polen-Überfall erfuhr? Als ich an jenem Tag vom Schauspielunterricht nach Hause kam, stand meine Mutter am Fenster und heulte. »Kind, es ist Krieg«, sagte sie zu mir.

Ich konnte mir damals noch nicht vorstellen, was dies mit sich bringen würde.

Gleich nach dem Einmarsch der Deutschen Wehrmacht wurde das ostschlesische Kohlerevier, also der gesamte Regierungsbezirk Kattowitz, dem Deutschen Reich einverleibt. Die deutsche Wehrmacht rückte auf breiter Front vor – auch im Kreis Rybnik. Auf die Römergrube wurden Brandbomben abgeworfen, und schließlich war mein Geburtsort Niedobczyce wie alle Orte im polnischen Oberschlesien von Hitler einverleibt. Es war nun Teil der ›eingegliederten Ostgebiete‹. Der Name wurde zu Niedobschütz eingedeutscht.

Zurück in Niedobschütz

Es kam das Jahr 1940. Die Verwaltung der Römergrube forderte meinen Vater erneut als verantwortlichen Maschineningenieur an und die Familie zog 1940 zurück nach Römergrube in Niedobczyce, das jetzt also Niedobschütz hieß.

Die Römergrube war nun Teil der Reichswerke Hermann Göring – neben der I.G. Farben und der Vereinigten Stahlwerke AG war das der größte deutsche Konzern jener Zeit, mit Standorten auch in Österreich, Frankreich, der Tschechoslowakei und Polen. Kohle als Energiequelle brauchte man immer mehr für die Wirtschaft, die nun auf eine Kriegswirtschaft ausgerichtet wurde. So stieg zum Beispiel die Zahl der jährlich gefertigten Maschinengewehre in Deutschland zwischen 1939 und 1944 um das 25-Fache auf über eine halbe Million und die Zahl der Panzer um das 26-Fache auf 18 300. Allerdings wurden bis Mitte 1940 schon 3,4 Millionen Arbeiter zum Kriegsdienst eingezogen. Um das auszugleichen, wurden zunehmend Frauen und Zwangsarbeiter an den Werkbänken eingesetzt.

Die Osterferien verbrachten wir im Elternhaus meines Vaters in Stanowice, 20 Kilometer nordöstlich der Kreishauptstadt Rybnik. Zwar lebte die Oma

Thekla nicht mehr – sie war 1934 gestorben –, aber ihre älteste Tochter, Tante Anna, führte alles weiter: den Haushalt, die Land- und Forstwirtschaft.

Die Familie meines Vaters in Stanowice, 1919/1920. Von links nach rechts: Tante Anna Spendel, mein Vater Alfons Spendel, Großmutter Thekla Spendel, Onkel Ignatz, Tante Else und Hund Wobbi

Den Großvater, den Kunstschmiedemeister Wilhelm Spendel, habe ich nie kennengelernt, denn er starb schon 1905. Seine Schmiede war verpachtet.

In Stanowice konnten wir in Feld, Wald und Wiese nach Herzenslust herumtoben. Großen Spaß machte uns das Ostereiersuchen. Zum Ärger von Tante Anna begleitete uns der Hund Wobbi beim Suchen. Natürlich zog uns Wobbi mit Karacho von Nest zu Nest. Oft endete das Suchen mit Tränen, denn mit Wobbi konnte ich nicht mithalten – ich fiel hin und hatte einmal fürchterliches Nasenbluten.

Es geht auch ohne Luxus

»Man muss sehen, aber nicht wollen.‹ Der Spruch aus meiner Kindheit begleitete mich mein ganzes Leben. Dagegen ist der Luxus, dem heute viele frönen, reichlich übertrieben. Vieles ist aufgebläht. Muss man wirklich sechs Jeans im Schrank haben? In meiner Jugendzeit besaßen Frauen ein Sonntagskleid und ein Ausgehkleid für werktags; daheim trugen sie eine Kittelschürze. Wir Mädchen hatten ein Sonntagskleid und ein Schulkleid, und zuhause sind wir in unseren Turnsachen herumgelaufen. Als ich aus dem Sonntagskleid herauswuchs, bekam es meine jüngere Schwester. An Lebensmitteln, die wir verbrauchten, waren jene aus unserer Region gut genug – sie mussten nicht von weither importiert werden. Und wir waren gesund und sind auch groß und leistungsfähig geworden.

In Niedobczyce gab es einen Bäcker, einen Milchladen, ein Textilgeschäft und einen kleinen Konsumladen – einen klassischen Tante-Emma-Laden also. Damit waren wir mit allem versorgt, was wir zum Leben brauchten. Natürlich gab es zu Weihnachten keine Erdbeeren wie heute. Allerdings muss ich auch feststellen: Die heutigen Erdbeeren haben nicht mehr den guten Erdbeergeschmack von damals.

Mein Lieblingsgericht waren Fleischküchle mit Kartoffeln und gelben Rüben. Oft drehte meine Mutter übrig gebliebene Kartoffeln durch den Fleischwolf, gab ein Ei und Muskat dazu und formte die Masse zu einer Wurst, die in schräge Stücke geschnitten und in Salzwasser gekocht wurde. Kartoffeln und Gemüse waren stets das Hauptgericht, Fleisch war nur die Beilage. Heute ist es andersherum.

Der Luxus geht auf Kosten der Ressourcen in der Natur. Es wäre nicht notwendig, den Regenwald zu zerstören, um dort Palmen und andere sogenannte Energiepflanzen anzubauen, deren Öl für unsere Autos verwendet wird. Alles dreht sich dabei ums Geld. Wir sollten uns lieber die Weissagung der Cree-Indianer zu Herzen nehmen, die lautet:

Erst wenn der letzte Baum gerodet,
der letzte Fluss vergiftet,
der letzte Fisch gefangen,
so werdet ihr feststellen,
dass man Geld nicht essen kann.

Ein Herz für die Musik

Mein Herz gehörte von Kindheit an der Musik. Im Haus meiner Eltern und meiner Großeltern wurde viel musiziert. Die Leidenschaft und Begabung für die Musik habe ich sicherlich von meiner Großmutter mütterlicherseits, Klara Jonczyk, geerbt. Sie war ja neben einer Schneider- und Hutmachermeisterin (man nannte dies Modistin) auch eine Opernsängerin.

Nach der Volksschule und dem Landjahrlager besuchte ich die Städtische Musikschule in der Kreishauptstadt Rybnik. Margarete May-Franz war dort meine Gesangslehrerin.

Um sich der Öffentlichkeit vorzustellen, veranstaltete die Musikschule eines Tages eine Schüleraufführung. Zu ihr kamen nicht nur die Lehrkräfte und Verwandten, sondern auch andere Gäste. So war es bei solchen Veranstaltungen üblich, dass auch der Kreis-Kulturleiter der NSDAP zugegen war. In diesem Fall war das ein Herr Klaus.

Dieser rief mich nach meiner Darbietung zu sich. Er fragte mich, ob ich denn beim Berufswettkampf der ›Schaffenden Deutschen‹ teilnehmen würde. Ich musste ihm antworten, dass ich von diesem Wettkampf nichts wusste. Der Kulturreferent wies dann seine Sekretärin an, meine Anmeldung ins ›Reichsausleselager Süd‹ in die Wege zu leiten. Dort, in Degerndorf bei München, landete ich also.

Welche Freude war es, dass ich dort meine frühere Freundin Inge Wunder wiederfand! Die Familie Wunder hatte wie wir in Beuthen in der Kleinfeldstraße gewohnt – wir im ersten Stock, und die Wunders darüber. Inge Wunders ausgezeichnetes Klavierspiel wurde uns immer als Vorbild vor Augen gehalten.

Eine Woche lang mussten wir in dem Lager ›Kulturarbeit‹ leisten. Schließlich fand in München in der Zeit vom 12. bis 19. April 1944 die Prüfung statt, die ich im Fach Gesang und Inge im Fach Klavier bestand. So hielt ich am Ende das Zeugnis in Händen: ich war »für fähig und geeignet befunden, eine Gesangsausbildung (Bühnenlaufbahn) zu erfahren.«

Förmlich wurde ich in das Begabtenförderungswerk aufgenommen, und am Ende wurde ich Schülerin an der renommierten Landesmusikschule Oberschlesien in Kattowitz, in der Abteilung für Oper und Gesang.

Am Theater von Kattowitz wurden nach jedem Semester von den Schülern Konzerte abgehalten und Ausschnitte von Opern aufgeführt. Nach einer solchen Vorstellung kam der Direktor des herzoglichen Theaters in Ratibor auf mich zu. Er fragte mich, ob ich Lust hätte, die Rolle des Ännchens aus dem *Freischütz* von Carl Maria von Weber zu singen – seine bisherige Sängerin sei erkrankt.

In einer Aufführung habe ich mitgemacht. Der Theaterdirektor bot mir an, später fest in das Ensemble einzusteigen. Das traute ich mir aber nicht zu und ich gab dem Direktor einen Korb. Das war wohl eine versäumte Gelegenheit.

Mir fällt dazu ein altes Sprichwort ein, dessen Ursprung unbekannt ist: ›Vier Dinge kommen nicht zurück: die versäumte Gelegenheit, das zu schnell gesprochene Wort, der abgeschossene Pfeil und die vertane Zeit.‹

Nach 1945 habe ich übrigens im Radio gern Klavierkonzerte gehört. Oft hieß es dabei zum Schluss: »Am Klavier – Inge Wunder.«

Freude und Stolz empfand ich, dass meine Jugendfreundin ihren Weg als Pianistin geschafft hatte.

Wanda kommt ins Haus

Meine Eltern nahmen Wanda Harazim als Hausgehilfin beziehungsweise Haustochter auf. Wanda, geboren am 23. November 1924, war drei Monate jünger als ich. Unsere beiden Väter kannten sich bereits seit den 1920er Jahren von der Römergrube her. Herr Paul Harazim leitete dort die Feuerwehr. Als ›National-Polen‹ verhafteten ihn 1939 die deutschen Besatzer bei ihrem Einmarsch und er kam erst ins KZ Mauthausen und später nach Dachau.

Paul Harazim und seine Frau Agnes hatten einen Sohn und eine Tochter – eben die Wanda. Agnes Harazim wandte sich nach der Verhaftung ihres Mannes mit der Bitte um Hilfe an meine Eltern, und so kam Wanda zu uns. Den letzten Brief aus der Baracke 27 im KZ Dachau konnte Paul Harazim als Häftling Nummer 14 519 per Datum 1. September 1940 abschicken.

Die allgemeine Regelung war: »Jeder Schutzhäftling darf im Monat zwei Briefe oder zwei Karten von seinen Angehörigen empfangen und an sie absenden«, wie es auf dem Formblatt hieß. Der Brief Paul Harazims war mit dem Zensurstempel und dem Kontrollzeichen des Blockführers gekennzeichnet und nichtssagend – dass er mangels eines Federhalters mit der blanken Feder zu Papier gebracht worden war, war der einzige Hinweis auf die Umstände, unter denen er lebte. Auf einen Bittbrief von Frau Harazim hin, ihren Mann besuchen zu dürfen, wurde ihr die Entlassung ihres Mannes angekündigt. Die ›Entlassung‹ war dann die Sterbeurkunde, ausgestellt am 23. Januar 1941.

Wanda blieb bei uns, bis unsere Familie nach Schorndorf flüchtete. Sie wollte ihre Mutter nicht verlassen. Als ›National-Polen‹ wollten die Harazims in ihrer Heimat bleiben.

Anfang der 70er Jahre fuhren mein Mann Bertold und ich das erste Mal wieder in meine alte Heimat und natürlich besuchten wir dabei Wanda. Ab dieser Zeit bestand ein reger Kontakt, der zu gegenseitigen Besuchen führte. Jedes Jahr kam Wanda mit ihrem zweiten Ehemann Frantiszek für einige Wochen zu uns.

Der ›totale Krieg‹ beginnt

Unter dem Eindruck der Katastrophe von Stalingrad hatte der Reichspropagandaminister Joseph Goebbels bereits am 18. Januar 1943 den ›totalen Krieg‹ ausgerufen. Alle arbeitsfähigen Männer und Frauen zwischen 17 und 45 Jahren mussten dazu einen Beitrag leisten. Betriebe, die als kriegsunwichtig galten, wurden geschlossen oder auf eine Rüstungsproduktion umgestellt. Die wöchentliche Arbeitszeit lag jetzt bei über 70 Stunden.

Mein erster Arbeitseinsatz war unter Tage in der Römergrube. Gemeinsam mit einer russischen Zwangsarbeiterin musste ich kleingehacktes Holz sammeln und in eine Form schlichten. Das Holz wurde danach auf dem Markt verkauft. Da ich wie manche andere Altersgenossinnen nach der Volksschule Stenographie- und Schreibmaschinenkurse besucht hatte, gelangte ich in einem zweiter Einsatz als Bürohilfskraft in der Verwaltung der Bergwerksdirektion der Blücherschächte, die der Firma Fürst von Donnersmarck – Kraft Graf Hencke von Donnersmarck oHG – gehörte. Gleichzeitig durfte ich weiter drei Tage in der Woche an der Landesmusikschule Oberschlesien in Kattowitz studieren, dank der Aufnahme in das Begabtenförderungswerk.

Das Studium kostete freilich ein stattliches Schulgeld: 25 Reichsmark im Monat für den Gesangsunterricht, und 10 Reichsmark für Operngesang. Die Fahrtkarte der Bahn kostete für die 46 Kilometer weite Strecke pro Woche 2,70 Reichsmark. Als Lohn bei den Blücherschächten bekam ich 46,35 Reichsmark im Monat. So konnte ich mir gerade die Ausbildung leisten.

Die Knochen aus Auschwitz

Es war an einem Abend im letzten Zug, der mich von der Landesmusikschule in Kattowitz nach Hause brachte. Ich saß mit einem Herrn allein im Abteil. Am Kragen hatte ich pflichtgemäß das Abzeichen des BDM. Wir kamen ins Gespräch. Der Mann meinte schließlich zu mir: »Ach, welche Zukunft werden Sie wohl haben.«

Dann erzählte er mir seine Geschichte. Bahningenieur war er gewesen, doch von den Nationalsozialisten degradiert worden – weil er ein ›National-Pole‹ war, und diese waren nach der Meinung der Nazis ja minderwertige Menschen. Jetzt sei es seine Aufgabe, als Bahn-Hilfsarbeiter die Knochen von ermordeten Juden aus Auschwitz zu Seifenfabriken im ›Alt-Reich‹ zu transportieren. Die Orte dürfe er mir nicht nennen.

Entsetzen packte mich. Als ich daheim ankam, muss ich völlig verstört gewesen sein. Jedenfalls fragte meine Mutter: »Mädchen, wie siehst Du denn aus?«

Natürlich erzählte ich ihr, was mir der unbekannte Zugpassagier gesagt hatte. Meine Mutter war ebenfalls fassungslos. Sie meinte: »Um Gottes Willen, behalte das bloß für dich, sonst landen wir ebenfalls in Auschwitz.«

So hielt uns die Angst vor den Nazis fest im Griff. Offiziell hörte man, in Auschwitz sei ein Arbeitslager eingerichtet worden. Und man vermutete, es sei eines von der übelsten Art. Aber dass dort Menschen vergast wurden? Das bekam ich erst nach dem Ende des Dritten Reiches mit.

Ich kann nur auf Margarete Mitscherlich verweisen, die schrieb: „Was geschehen ist, ist geschehen, ausgeübt von einem Kulturvolk. Und dass es geschehen ist, bedeutet, dass es wieder geschehen kann. Menschen, und zwar kultivierte, kluge Menschen, sind zu Taten fähig, die wir ihnen nicht zugetraut haben. Und wo es irgendein Anzeichen, einen Hauch davon wieder geben könnte, müssen wir eingreifen. Unsere gottverdammte Pflicht nach Auschwitz ist, das niemals zu vergessen. Es bleibt ein ewiges Thema. Ich glaube nicht, dass wir aufhören sollten, uns damit zu beschäftigen."

Dem kann ich, die das Dritte Reich erlebt hat, nur zustimmen.

Beim Fronttheater

Maria Bechtle war Leiterin des Fronttheaters, bei dem ich nebenbei eingesetzt wurde. Im Ersten Weltkrieg hatte es bereits rund 200 solcher Einrichtungen gegeben, jetzt waren es viele mehr. Was wir in der Kattowitzer Musikschule gelernt hatten, konnten wir bei solchen Aufführungen praktisch anwenden. Das sollte mir recht sein. Wir spielten in Lazaretten und Kasernen.

Maria Bechtle war eine geborene Schock, die Tochter der Besitzer von der Firma Schock in Schorndorf. Ihr Mann war Lehrer und als Rektor an der Schule der Römergrube in Niedobschütz gelandet. Zusammen hatte das Paar fünf Kinder: Ludwig, Doris, Irmgard, Margarete und Gertrude. In der Endphase des Krieges 1944 hatte man den Mann zum ›Volkssturm‹ abkommandiert. So bezeichnete man das letzte Aufgebot an Männern, die die Wehrmacht unterstützen sollten. Der Mann galt bald als verschollen, und schließlich erhielt Maria Bechtle die Nachricht, dass er gefallen war.

Als die Front näherrückte, ging Maria Bechtle zurück nach Schorndorf. Ich begleitete sie Anfang Dezember 1944 zum Bahnhof in Kattowitz, von wo aus sie in ihre alte Heimat fuhr. Beim Abschied sagte sie zu mir: »Ruthle, wenn es noch ärger wird mit den Russen, dann hau ab – dann kommst du mit deiner ganzen Familie zu mir nach Schorndorf. Ich bring euch schon unter.«

So hatten wir ein Ziel, als wir später selber fliehen mussten ...

Maria Bechtle, 1946

Von der großen Liebe

In den folgenden Wochen dachte ich nicht nur an Flucht, sondern auch an meinen Freund Herbert. Er war die dritte große Liebe in meinem Leben.

Meine Großmutter hatte gemeint: Man muss im Leben mindestens dreimal einen Liebeskummer hinter sich bringen. Dies gehöre zur Reife eines Lebens. Dabei ist anzumerken, dass es zu meiner Zeit kaum einen Beischlaf vor der Ehe gab. Schon gar nicht während des Krieges. Es gab ja damals noch keine Antibabypille. Natürlich war die Knaus-Ogino-Verhütungsmethode bekannt, aber diese musste man beherrschen, und man konnte sich auf sie nicht wirklich verlassen.

In meinem Fall waren es drei Liebesschmerzen. Die erste große Liebe war der Leobschützer Nachbarssohn Kurt Posluschny, der im Zweiten Weltkrieg als Jagdflieger abgeschossen wurde. Die zweite große Liebe war Theo Gabler, ein Fabrikantensohn in Leobschütz, dessen Mutter mich aber nicht akzeptierte. Ich war in ihren Augen nur eine kleine Schauspielerin, die nichts hatte und nicht zu einem zukünftigen Fabrikerben passte. Die dritte Liebe war der genannte Herbert Pogczeba, ein Marineoffizier. Er wollte sich mit mir verloben, und ich sollte mit ihm nach Hamburg ziehen. Aber meine Mutter riet mir dringend von der Partie ab, zumindest zu Kriegszeiten.

Herbert war in Wilhelmshaven stationiert. Das letzte Mal besuchte er mich ganz überraschend. Ich spielte gerade Klavier, als es an der Tür Sturm kleingelte. Draußen stand der Herbert. Mir fiel sofort etwas an seiner Kleidung auf und so fragte ich ihn: »Was ist denn los? Deine Epauletten sind ja weg.«

Herbert hielt den Finger vor den Mund und antwortete: »Dem kleinen Mann fällt es nicht auf, und der große sieht und schweigt.«

Ich habe mich gefragt, was er damit meinte, aber eine Antwort blieb er mir schuldig. Jedenfalls ging der Herbert zurück nach Wilhelmshaven. Er kam bei einem U-Boot-Einsatz vor der englischen Küste ums Leben.

Die *eine* große Liebe, von der die Dichter und Denker immer reden, gibt es aus meiner Erfahrung nicht. Wenn man verliebt ist, egal wie oft, ist es jedes Mal das Gefühl der großen Liebe.

Weg vom Frontgebiet

Es wurde höchste Zeit, die Heimat zu verlassen. Im Januar 1945 stand die Rote Armee kurz vor Rybnik. Trotzdem fuhr ich noch einmal in die Kreisstadt, um bei unserem Schneider meinen neuen Wintermantel abzuholen. Doch der Schneiderladen war geschlossen und ich musste ohne Mantel nach Hause laufen. Denn auf den nächsten Zug zu warten dauerte zu lange.

Unterwegs gabelte mich zu meinem Glück der Herr Jung auf, der Besitzer des Konsumgeschäfts in der Römergrube. Jung war ein Hobby-Rennfahrer und er brachte mich auf seinem Motorrad heim. Gar nicht mehr so weit entfernt hallte bereits der Geschützdonner von der Front herüber.

Ganz so schnell ging es mit dem Krieg doch nicht zu Ende. Die Front verschob sich ständig. An einem Abend klingelte es an unserer Haustür. Mein Vater öffnete und begriff gleich: Vor ihm stand ein versprengter Trupp der deutschen Wehrmacht. Die Männer sprachen ihn dennoch auf Russisch an. Mein Vater war irritiert: »Meine Herren, warum sprechen Sie hier russisch?« Es stellte sich heraus, dass die Soldaten keine Ahnung hatten, wo und bei wem sie gelandet waren.

Kurz vor der Flucht: Irmgard, meine Eltern und ich (Dezember 1944)

Die Soldaten quartierten sich bei uns ein. Dazu muss ich erklären, dass der Ortsteil Römergrube aus einer Arbeitersiedlung und einem Beamtenviertel bestand. Die Grubenbeamten wohnten in Häusern mit dazugehörigen Vorgärten und einem Nutzgarten. Die Wohnungen waren sehr großzügig angelegt. So gab es genügend Platz für die Einquartierung.

Einer der Offiziere fiel mir besonders auf. Er trug ein Ritterkreuz um den Hals, wie einen Schlips, aber er hatte nur noch einen halben Arm. Einmal sagte er: »Mir wär mein ganzer Arm lieber als der Orden.«

Der Trupp verfügte über ein Feldtelefon und bekam den Befehl, sich aufs alte Reichsgebiet abzusetzen. Die Soldaten boten an, uns mitzunehmen:

»Das ist die letzte Gelegenheit, dass Sie hier herauskommen.« Mein Vater wollte aber seine Heimat nicht verlassen. Außerdem warteten meine Eltern auf meinen Bruder Erhard, der im Internat von Dr. Funke in Katscher im Altreich (auf polnisch heute Kietrz) seine schulische Ausbildung bekam.

Es überzeugte am Ende meinen Vater, was der Offizier an die Wand malte: »Die Russen sind übermorgen hier. Was glauben Sie, was mit Ihrer Tochter geschieht? Und Sie wird man als Leiter der Grube am nächsten Baum aufhängen.«

So packten meine Schwester Irmgard und ich unsere Sachen. Mit einem Koffer und einem Karton voller Klamotten verließen wir das Elternhaus. Auch ein wenig Geld steckte uns die Mutter zu. Wir hatten jetzt furchtbare Angst und waren wirklich froh, fortzukommen.

Der Oberleutnant Gert Bachmann nahm uns in seinem Krad-Wagen mit. Durch ihn und die Soldaten fühlten wir uns beschützt. Es ging in Richtung tschechischer Grenze. Über unseren Köpfen pfiffen russische Raketen hinweg. Der Fahrer rief dann immer: »Raus – in den Graben!« So landeten wir alle im Schnee. Unterwegs übernachteten wir bei Bauern.

In Oderberg hinter der polnisch-deutschen Grenze trennten wir uns von den Soldaten und von Oberleutnant Bachmann mit einem herzlichen Dank. Oberleutnant Bachmann bat mich noch um die

Adresse unseres Zufluchtsortes. Abschiedswehmut machte sich bei uns und unserem Beschützer bemerkbar. Ich habe später noch einige Briefe von Bachmann bekommen, doch plötzlich riss die Verbindung ab. Ich kann nur vermuten, dass er an der Ostfront gefallen ist.

Meine Schwester und ich setzten uns in den Zug in Richtung Wien. Von dort aus ging es nach Stuttgart. Geld für die Zugfahrt hatten wir ja. Den Soldaten haben wir es zu verdanken, dass wir aus der Kriegshölle gerade noch herausgekommen waren.

Meine Eltern und mein Bruder Erhard konnten später buchstäblich in letzter Minute auf einem Güterzug in Richtung Oderberg entkommen.

Vom Krieg nichts gelernt

Der Irrsinn des Krieges ging seinem Ende zu. Der damalige US-General und spätere Präsident Dwight D. Eisenhower soll dazu einmal treffend festgestellt haben: »Im Krieg bringen Millionen einander um, die sich nicht kennen, auf Befehl einiger weniger, die sich ganz gut kennen, sich aber nicht umbringen.«

Da kann ich nur sagen: Wie wahr, wie wahr!

Leider haben die Mächtigen der Welt – egal, in welchen politischen Systemen sie wirken – noch immer nichts aus dem Leid, aus der Vernichtung von Leben, Kultur und Städten gelernt. Eigentlich ist es heuchlerisch: Man spricht so viel von Frieden und Freundschaft unter den Völkern, doch keiner hat den Mut, die Waffenindustrie abzuschaffen.

Solange Waffen hergestellt werden, wird es Kriege geben. Wo bleiben aber dabei die viel erwähnten christlichen Werte? Es sind sicherlich nicht die Menschen, die Kriege wollen – es sind jeweils die Mächtigen der Waffenindustrie, die Staatsmänner, ob Kaiser oder Diktatoren. Es sind auch die Führenden in einer Demokratie, die bisweilen Kriege aus wirtschaftlichen Gründen und zur Machterhaltung benutzen. Der griechische Philosoph Platon erkannte:

»Es entstehen alle Kriege um den Besitz des Geldes willen.«

Ich frage mich auch: Muss man kriegerisch ein Land besetzen, nur weil man sein Öl will? Kann man nicht – da wir ja keine Analphabeten sind – anständige Kaufverträge dafür machen?

Es wäre an der Zeit, dass das geflügelte Wort ›Stell dir vor, es ist Krieg, und keiner geht hin‹ Wahrheit wird.

Die Familie vereint

Es schneite, als Irmgard und ich in Schorndorf ankamen. Die Flocken vor der Kulisse der bunten Fachwerkhäuser vermittelten eine Stimmung wie im Märchen. Wir meldeten uns sogleich bei Maria Bechtle, deren Adresse wir ja hatten. Sie quartierte meine Schwester Irmgard und mich beim Schneidermeister Ziesel ein. Wir mussten dann zum Rathaus gehen, denn Lebensmittel und Kleidung gab es nur auf Bezugsscheine.

Schorndorf, 4.2.1945. Von links nach rechts:
Frau Ziesel, Inge Ziesel, Irmgard, Gisela Ziesel,
ich, Herr Ziesel und das Ehepaar Zeyher

Besonders gut verstanden habe ich mich mit Gisela, der Tochter der Ziesels. Sie spielte die Hausorgel und ich sang dazu. Diese musikalischen Abende waren sehr schön, weil sie mir als Flüchtling ein Gefühl der Geborgenheit vermittelten.

Eines Tages brauchte ich allerdings einen Bezugsschein für neue Schuhe. Die alten waren nämlich verkohlt. Wieso, das schilderte die Gisela in einem Gedicht:

Oftmals, wenn wir grade meinen,
's müsst uns immer Sonne scheinen,
kommt was, ungeahnterweise,
und bringt ganz uns aus dem Gleise.

So ging's auch dem Ruthchen Spendel,
die die Schuhe samt dem Bändel
stellte in den Herdbackofen,
dass sie möchten schneller trocknen,
weil die Schuhe von dem Regen
waren ganz durchnässt gewesen,
und macht wupp das Türchen zu,
so, nun trocknet hübsch, ihr Schuh.

Währenddessen flink und munter
rennt sie Treppen rauf und runter,
weil Alarm es ja gewesen.
Als sie nun gleich nach dem Essen

wollte schnell zur Arbeit gehen,
kam's ihr, nach den Schuh'n zu sehen,
die, so dachte sie, zwischenzeitlich
hübsch getrocknet, sehr erfreulich!

Doch wie oft des Schicksals Tücken
unser Aug nicht sehr entzücken,
so musst' Ruthchen nun mit Schrecken
Folgen ihrer Tat entdecken:
Aus dem Herd zog sie, o Graus,
zwei ganz verbrannte Schuhe raus,
die durch des Backofens Güte
geopfert ihres Daseins Blüte.

Wer beschreibt nun Ruthchens Tränen,
wer kennt ihres Herzens Sehnen:
Wär oh wär ich nie geboren,
weil die Schuhe nun verloren.
Ach, wenn's erst die Mama wüsste,
dass die Schuhe ich einbüßte,
ich werd wohl, ich fühl's mit Bangen
Strafe noch von ihr empfangen.

Oh, Frau Spendel, hab Erbarmen
mit der ganz zerknirschten, armen,
schmerzzerriss'nen kleinen Ruth,
die sowas gewiss nimmer tut.

Wir standen in der Reihe für einen Bezugsschein an, als meine Schwester Irmgard auf einmal rief: »Das ist doch eine Stimme wie die von der Mama!«

Tatsächlich waren es meine Eltern und mein Bruder Erhard, die ebenfalls Schorndorf erreicht hatten. Was war das für eine Wiedersehensfreude!

Die Eltern waren beim Altbürgermeister Reible einquartiert. Die Stadtverwaltung bemühte sich jedoch, für uns eine gemeinsame Wohnung zu besorgen. In der Moserstraße bekamen wir eine mit zweieinhalb Zimmern. So war unsere Familie wieder beisammen.

Man empfing uns Flüchtlinge in Schorndorf nicht mit Rosen, aber die Integration in die Gemeinschaft der neuen Heimat gelang rasch und wir fühlten uns wohl. Ich trat in den Kirchenchor ein und stand in der ersten Reihe. Als einmal die Noten verteilt wurden, rissen mir die Sängerinnen hinter mir mein Blatt aus der Hand. Aber die Frau neben mir sprang mir bei. Es war Rosa Kamm, die Frau des Bürgermeisters Gottlob Kamm. Sie gab mir ihr Blatt, damit ich mitsingen konnte, und besorgte sich selber ein neues. Das war mein erster Kontakt mit der Familie Kamm. Es war ein sehr sympathischer Kontakt.

Mein Bruder Erhard blieb allerdings nicht lange in Schondorf. Die Firma Thyssen warb damals um Arbeitskräfte: ›Junge, komm in den Bergbau.‹ Mein Vater erkundigte sich und erfuhr: Thyssen unterhielt eine eigene Bergbauschule, die es ermöglichte, das Fachabitur zu bekommen. Da Erhard nicht mehr dazu gekommen war, sein Abitur abzuschließen, erschien das als ein gutes Angebot. Mein Papa sagte also zu meinem Bruder: »Da gehst du hin.«

Es gab deswegen einen Krach mit meiner Mutter. Denn die Geschichte hatte einen Haken: Die Bedingung war, dass die Schüler das erste Lehrjahr unter Tage arbeiten mussten. Das wollte meine Mutter nicht, aber mein Vater setzte sich durch. So gelangte Erhard auf die Zeche Walsum, ein Steinkohlenbergwerk auf dem Gebiet der Stadt Duisburg. Der Betrieb war gegen Ende des Krieges nur vorübergehend eingestellt worden.

Zu Ostern fuhren meine Schwester und ich dorthin, um Erhard zu besuchen. Wir erfuhren, dass er im Krankenhaus lag. Erhard beichtete uns dann: Als er das erste Mal unter Tage war, brach der Stollen ein, in dem er sich aufhielt. Erhard wurde verschüttet und erlitt eine schwere Gehirnerschütterung. Wir mussten ihm versprechen, daheim nichts von seinem Missgeschick zu erzählen.

Nach einem halben Jahr wurde Erhard als ›berguntauglich‹ entlassen. Er kam nach Schorndorf und erhielt eine Lehrstelle als Feinmechaniker. 1952 starb er jedoch an nicht rechtzeitig erkannten Folgen des Unfalls, wie sich bei einer Obduktion herausstellte.

Verfahren eingestellt

Am Samstag, den 21. April 1945 marschierten die amerikanischen Truppen in Schorndorf ein. Am 7. Mai 1945 wurde im Hauptquartier der Alliierten in Reims die bedingungslose Kapitulation der deutschen Wehrmacht unterzeichnet. Nach dem ›Gesetz Nr. 104 zur Befreiung von Nationalsozialismus und Militarismus‹ wurden alle Bürger überprüft, ob sie zu den ›Hauptschuldigen‹ gehörten, ob sie ›belastet‹ und Nutznießer des Nazi-Regimes, ›minderbelastet‹ oder Mitläufer gewesen waren. Mitglieder der Hitlerjugend oder des Bundes Deutscher Mädel waren eigentlich ausgenommen, und gegen junge Leute, die nach dem 1. Januar 1919 geboren waren, sollten Sühnemaßnahmen nur angeordnet werden, wenn sie als Hauptschuldige, Belastete oder Minderbelastete eingestuft wurden.

Alle Bürger mussten dennoch einen Fragebogen ausfüllen, und sogenannte Spruchkammern entschieden über die Zuordnung zu einer der genannten Kategorien. Auch meine Familie musste sich der Prozedur unterziehen. Gottlob Kamm als Bürgermeister von Schorndorf hatte mir in meinem Ankunftszettel attestiert: »Ist politisch nicht hervorgetreten. Über den Leumund ist Nachteiliges nichts bekannt.«

Wegen meiner automatischen Eintragung ins NSDAP-Mitgliedsverzeichnis im Alter von 18 Jahren lief aber dennoch unter dem Aktenzeichen 11/r./50/49/6450 ein Verfahren gegen mich. Erst am 4. Oktober 1946 kam unter Bezugnahme auf die Jugendamnestie vom 6. August 1946, die Gottlob Kamm durchgesetzt hatte – inzwischen war er Minister für die politische Befreiung geworden –, der erlösende Bescheid: »Das Verfahren gegen Ruth Spendel ist eingestellt.«

So konnte ich mir eine Arbeit suchen, um meine Familie zu unterstützen. Auf Kosten des Staates wollten wir nicht leben, aber der Lohn meines Vaters, der eine Stelle als Waldarbeiter bekommen hatte, war nicht besonders hoch. Dank meiner Steno- und Schreibmaschinenkenntnisse konnte ich ab dem 1. November 1946 bei der Textilhandelsgesellschaft Aweba in Schorndorf als Stenotypistin anfangen. Meine Tätigkeit dort wird in meinem Arbeitszeugnis beschrieben, das ich nach dem Ausscheiden am 15. März 1948 erhielt: »Sie führte die kleine Kasse und war außerdem mit der Registratur beschäftigt. Im letzten Jahr ihres Hierseins war sie hauptsächlich in der Korrespondenz mit Stenographie und Schreibmaschine eingesetzt. Fräulein Spendel führte ihre Arbeiten zu unserer größten Zufriedenheit aus, sie war sehr umsichtig, rührig und fleißig und hat sich in die ihr übertragenen Arbeiten sehr rasch eingefunden.

Sie war auch stets willig, hatte ein freundliches, sonniges Wesen und ist absolut zuverlässig und ehrlich.«

Danach arbeitete ich in der Lederwarenfabrik in Schorndorf. Der Fabrikbesitzer Breuninger wurde, weil er ein Mitglied der NSDAP war, von den Amerikanern kurzzeitig inhaftiert und er durfte seine Fabrik nicht mehr betreten. Die Amerikaner setzten an seiner Stelle Gerhard Schlemmer kommissarisch als Chef der Lederfabrik ein. Schlemmer war ein ehemaliger SS-Offizier. Solches geschah zu jener Zeit. Die US-Besatzungsbehörden handelten damals nicht nach politischen Grundsätzen, sondern nach einem ›Nutzungsprinzip‹. Das erklärt auch, dass viele deutsche Wissenschaftler trotz ihrer vormaligen Zugehörigkeit zur NSDAP in die USA geholt wurden, wo ihre Kompetenzen von Nutzen waren.

Berufsverbot

Als Bürokraft wollte ich nicht auf Dauer mein Leben fristen. Meine Welt waren nicht Geschäfte, sondern war die Kultur. So bewarb ich mich beim Kabarett Mausefalle, die von Werner Finck 1948 in Stuttgart gegründet worden war. Finck war wegen seiner politischen Gesinnung von den Nazis aus der Reichskulturkammer ausgeschlossen worden und bei der Wehrmacht gelandet. Jetzt stand er wieder auf der Bühne.

Ich durfte vorsingen und sollte in der Gruppe der ›Mausefalle‹ anfangen. Davor musste ich mich aber einer Überprüfung unterziehen, und diese war im Kulturbereich besonders streng. Ich landete im Büro des Kulturoffiziers Dr. Rosenberg der amerikanischen Militärverwaltung in Stuttgart. Groß war die Enttäuschung, als ich von dem Offizier erfuhr: Wegen meiner Mitgliedschaft beim BDM bekam ich ein Berufsverbot. Ich verstand das nicht. Ich konnte ihm noch so sehr erzählen, wie ich dazu gekommen war, und dass Dr. Rosenberg sich kaum vorstellen könne, wie die Zwänge damals gewesen seien. Der Offizier blieb hart; ich erhielt die Arbeitserlaubnis für das Kabarett nicht.

Da aber meine Not die gleiche geblieben war, legte ich mir einen Künstlernamen zu. Ich trat als Ruth Römfeld auf – abgeleitet von der Römergrube meines Geburtsortes. Anstatt Gagen mit Geld anzunehmen ließ ich mich mit Lebensmitteln bezahlen. Ich sang für Zucker, Mehl oder Butter.

Das erste Mal hatte ich unter dem genannten Künstlernamen bereits 1946 auf einem Programm gestanden. In der Künkelinhalle war der erste bunte Abend nach dem Krieg angekündigt. Bis zu diesem Zeitpunkt waren alle Theater geschlossen geblieben. Unter anderen nahm die Schauspielerin Maria Koppenhöfer und der Stuttgarter Staatsschauspieler Wolf an dem Abend teil. Ich sollte ebenfalls bei der Veranstaltung auftreten. Der Andrang war riesig und die Zuschauer stürmten den Eingang. Da krachte die alte Treppe vor der Künkelinhalle zusammen. Es gab einen Toten. Natürlich wurde die Vorstellung abgesagt – aus dem bunten Abend wurde ein Trauerabend.

Omas Flucht

Am Ende kam sogar noch meine Großmutter Klara Stanik nach Schorndorf. Mit ihrer Schwiegertochter Erna, der Frau ihres ältesten Sohnes Ewald, und der zweieinhalb Jahre alten Enkelin Renate war sie von Leobschütz aus zur Flucht aufgebrochen – mit Kinderwagen und nur wenig Gepäck. Das Ziel war Westberlin gewesen. Dort lebte die Schwester von Erna, abseits vom Großstadtgetümmel in einem eigenen, großen Haus.

Die Geschichte von Omas Flucht war typisch für die mit viel Elend verbundenen Märsche von Vertriebenen: Tagsüber wurde gelaufen, nachts schlief man in den Ställen von Bauernhöfen. Dem Treck schlossen sich von Dorf zu Dorf mehr Menschen an.

Meiner Großmutter ging es zunehmend schlechter, und eines Tages konnte sie gar nicht mehr laufen. Zum Glück befand sich im Treck ein Arzt. Er untersuchte meine Oma und stellte eine Gebärmuttererkrankung fest, die bereits in einen Brand überging. Ohne Operation würde sie sterben, aber der Arzt hatte kein medizinisches Besteck. Er bat die Bäuerin, bei der sie sich gerade befanden, ein Bettlaken auszukochen und ein scharfes Messer zu bringen. Mit Schnaps wurde meine Oma notdürftig betäubt, der Arzt nahm die Operation vor, und am nächsten Tag befand sich meine Großmutter wieder im Treck – erst einmal auf dem Kinderwagen. Auch diese Geschichte zeigt das Leid, das der Irrsinn eines Krieges zur Folge hat.

Die drei gelangten nach Berlin-Charlottenburg zur Schwester von Omas Schwiegertochter Erna. Meine Mutter fand über den Suchdienst des Roten Kreuzes heraus, wo die Großmutter gelandet war, und sie holte die Oma von Berlin nach Schorndorf. Allerdings blieb die Großmutter hier nicht lange. Als ihr Sohn Ewald aus der Kriegsgefangenschaft entlassen wurde, bewarb er sich beim Finanzamt in Coesfeld. Er wurde eingestellt, leitete schließlich die Steuerabteilung, und die Oma zog nach Coesfeld. Anders als bei uns in Schorndorf hatte sie dort ein eigenes Zimmer.

Auch in Omas Geschichte kann man den ganzen Irrsinn eines Krieges und die Folgen mit all dem Leid für die Menschen bestätigt finden.

Eine entscheidende Begegnung

Bertold begegnete ich zum ersten Mal 1947. Ich war mit der Tochter der Familie Weser befreundet, Nachbarn der Kamms. Die Tochter hatte Geburtstag, und so wie ich war der Nachbarssohn Bertold zur Feier eingeladen. Wir stellten uns gegenseitig vor und saßen erstmals gemeinsam an einem Tisch.

Bertold war im November 1946 aus britischer Gefangenschaft heimgekehrt und sogleich von seinem Vater eingespannt worden, um ihn als Fahrer zu politischen Sitzungen der SPD und zu Versammlungen zu bringen. Bereits im folgenden Jahr hatte er außerdem ein Studenten-Kabarett gegründet. Als Sängerin war Sieglinde Äugle engagiert. Sepp Wiser war der Pianist. Bei den Wisers durfte ich Klavier spielen und Lieder einstudieren.

Vor einer geplanten Vorstellung wurde Sieglinde Äugle krank und fiel damit aus. Bertold brauchte eine neue Sängerin. Sepp Wiser brachte mich ins Spiel: »Bertold, zu uns kommt immer ein Flüchtlingsmädchen, das kann alles singen.«

Bertold war egal, wo der Ersatz herkäme – er bat den Sepp, diese Sängerin am nächsten Sonntagfrüh zum Vorsingen in die Künkelinhalle mitzubringen. So kam es zur zweiten Begegnung zwischen mir und Bertold.

So ganz zufrieden war er mit mir wohl zunächst nicht. Er sagte: »Fräulein Spendel, Ihre Stimme ist belegt.«

Ich antwortete: »Man bestellt eine Sängerin nicht um zehn Uhr früh, um vorzusingen!«

Bertold akzeptierte das.

Bei dieser Begegnung fragte mich Bertold, ob er mich nach Hause fahren dürfe und ob wir uns einmal treffen könnten. So schnell bin ich aber nicht auf ihn eingegangen. Ich wollte Bertold nicht gleich zu erkennen geben, dass er mir durchaus gefiel. Meine Oma bläute mir ein: »Wenn er ernsthaft Interesse hat, wird er sich nicht abwimmeln lassen.«

Faszinierende Gedanken

Nach der vierten Aufforderung zu einem Treffen ging ich mit Bertold endlich ins Kino. Anschließend saßen wir im Café Weiler und unterhielten uns über Politik. Ich sagte zu Bertold: »Meine Vorstellung von der Welt wäre eine solche ohne Kriegsrüstung und ohne Militär.«

Bertold lachte und meinte: »Das wäre ein Traum.«

Bertolds politische Einstellungen faszinierten mich. Er erklärte mir die Ziele der Jungsozialisten. Vehement verurteilte Bertold jede Form der Ausbeutung von Menschen. Wichtig war für ihn die Gleichwertigkeit von Kapital und Arbeit: »Es hätte keinen Thyssen-Konzern geben können, wenn er keine Arbeiter gehabt hätte.« Beide Seiten brauchen sich gegenseitig. Ohne die breite Masse der arbeitenden Menschen gäbe es überhaupt keine Wirtschaft. Der Wirtschaft geht es nur gut, wenn es der breiten Masse gutgeht. Beeindruckt hat mich das Zitat des Industriellen Robert Bosch (1861–1942), der einmal sagte: »Ich zahle nicht gute Löhne, weil ich viel Geld habe, sondern ich habe viel Geld, weil ich gute Löhne bezahle.«

Dass wir zusammenfanden und unsere Gedanken ergänzen konnten, war ein Glücksfall in meinem

Leben – und wohl auch in Bertolds. Eine Erfahrung besagt: Erst, wenn die Gegenwart zur Vergangenheit geworden ist, erfährt man, ob eine Entscheidung richtig war. Meine Großmutter drückte es so aus: Hinterher ist man immer schlauer. In diesem Fall war die Entscheidung füreinander für beide die richtige.

Politik als Muttermilch

Das politische Engagement verband bereits Bertolds Eltern. Der Vater Gottlob Kamm hatte im Ersten Weltkrieg sein rechtes Bein verloren. Als junger Mann war er in die Unabhängige Sozialdemokratische Partei Deutschlands (USDP) eingetreten, und er war Delegierter beim Vereinigungsparteitag mit der SPD im September 1922 in Nürnberg gewesen. Seit 1925 gehörte er dem Schorndorfer Gemeinderat an. Rosa Kamm hatte sich früh der Sozialistischen Arbeiterjugend (SAJ) angeschlossen. 1931 nahm sie am letzten großen Treffen der SAJ in Frankfurt teil.

In dieses Elternhaus wurde Bertold am 10. Mai 1926 hineingeboren. Man kann sagen: Er wurde mit politischer Muttermilch großgezogen. Bertold war keine sieben Jahre alt, als der Vater am 30. März 1933 auf Druck der Nazis aus dem Gemeinderat zurücktreten musste. Zwischen Februar und Mai 1934 nahmen die Nazis den Sozialdemokraten in ›Schutzhaft‹, wie sie es nannten. Gottlob kam ins KZ Oberer Kuhberg bei Ulm. Dort teilte er das Los mit Kurt Schumacher – der prominente Politiker war ein Freund der Familie.

Auch Bertold war im Frühjahr 1944 von der Gestapo wegen seiner Aktivitäten in der verbotenen katholischen Jugendbewegung Bund Neudeutschland verhaftet worden. Er wurde gefoltert und misshandelt. Nach der Freilassung war er im Kriegsdienst bei den Fallschirmjägern tätig. Im Oktober 1944 geriet er in englische Kriegsgefangenschaft, aus der er Ende 1946 entlassen wurde.

Keine Alternative in den USA

Bertold wollte, dass wir uns kirchlich verlobten. Das geschah 1948. Der Brauch ist heute ziemlich aus der Mode gekommen. Ich erinnere mich noch an die Frage, die der Stadtpfarrer Kramer in Schorndorf dem Bertold stellte: »Willst Du die hier anwesende Ruth Spendel, wenn es die Zeit und die Umstände erlauben, zur Ehefrau nehmen?«

Ja, er wollte. Und ich wollte es auch. Im Nachhinein war und bin ich Bertold sehr dankbar für seine Entscheidung einer kirchlichen Verlobung. Denn diese hat meine Mutter noch miterleben dürfen, die Hochzeit später nicht mehr.

Es hätte freilich alles anders kommen können. Ich hätte statt in Schorndorf in Chicago in den USA landen können. Zur Erklärung muss ich im Rückblick die Geschichte meiner Großtante Selma erzählen, der ältesten Schwester meiner Großmutter Klara Jonczyk.

Ich stieß auf Selmas Foto im Herrenzimmer meiner Großeltern, als ich vier Jahre alt war. Dort stand in einer Ecke ein Stehpult, und darauf lag ein dickes, mit Samt überzogenes Familienbuch mit Texten und Fotos. Das faszinierte mich, und besonders ein Bild erweckte meine Aufmerksamkeit. Es zeigte ein riesiges Auto mit einer eleganten Dame am Steuer, die einen großkrempigen Hut trug. Das war die Selma – das ›Enfant terrible‹ der Familie.

Bertold und ich bei unserer kirchlichen
Verlobung, Ostern 1948

Den Ruf erwarb sie durch ihre Verlobung. Mit ihrem Verlobten, einem Beamten der Stadtverwaltung in Königshütte (auf Polnisch: Chorzów), war sie in ein Geschäft des Juweliers Kretschmar gegangen. Das Brautpaar wollte sich dort die Eheringe aussuchen. Während sich der Bräutigam von einer hübschen Verkäuferin beraten ließ, fing der Herr Kretschmar mit Selma ein Gespräch an. Schließlich fragte er meine Großtante: »Sie wollen also diesen Herrn heiraten?« Selma antwortete mit ja.

Darauf meinte der Herr Kretschmar: »Nein, diesen Herrn werden Sie nicht ehelichen, Sie werden mich heiraten.«

Selma war zuerst erschrocken, und die beiden sahen sich in die Augen. Dann antwortete sie: »Ja, warum auch nicht.«

Herr Kretschmar kündigte an, dass er nach Geschäftsschluss zu Selmas Familie kommen und sie abholen würde.

Natürlich gab es zuhause einen riesigen Krach, als Selma die Auflösung mit ihrem bisherigen Verlobten verkündete. Von Enterbung und Aufkündigung der Familienbande war die Rede. Als der Herr Kretschmar tatsächlich nach Geschäftsschluss erschien, glätteten sich die Wogen, und die Familie ließ Selma mit ihrem neuen Zukünftigen ziehen. Das Paar wanderte in die USA aus. Selma kam eines Tages zurück und nahm meine Urgroßmutter Magdalena und ihre Brüder mit nach Chicago. Meine Großmutter blieb in Europa, und so blieb auch ich eine Europäerin.

Gute Kritiken

Bertold führte mich in der SPD ein. Dort konnte ich meine politischen Vorstellungen diskutieren und zugleich meine künstlerischen Talente ausleben. Bei der Feierstunde der Jungsozialisten Esslingen am Vorabend des 1. Mai stand mein Name mit auf dem Programm. *Ein kleines Haus* von Josef Haydn und *An den Sonnenschein* von Robert Schumann, das waren meine Stücke als Solistin.

In der Zeitung erntete ich für meinen Auftritt gute Kritiken. »Mit viel Charme gesungen« habe die Ruth Spendel bei der Silvesterveranstaltung 1949 des Ortsverbands der Heimatvertriebenen im Löwenkellersaal – sowohl Walzermelodien als auch das Lied von dem *Trotzigen Dirndel*. »Und i will net, und i mag net, und i tu's net, und i sag's net, und i will doch mal schau'n, wer mi zwingen will dazu!« – das war der Refrain. Ansager bei der Veranstaltung war der Bertold, und er »löste Donnerschläge des Lachens aus«, wie die Zeitung schrieb.

Bertold Kamm mit seinen Einfällen war ein »witziger Ansager«, hatte die Zeitung auch von der Weihnachtsfeier 1949 des SPD-Ortsvereins Schorndorf berichtet, auf der ich ebenfalls Lieder zum Besten gab.

Die Begrüßungsansprache in der Künkelinhalle hielt Bertolds Vater Gottlob, der – inzwischen Abgeordneter im württemberg-badischen Landtag – vom Juli 1946 bis Februar 1948 das undankbare Amt eines ›Staatsministers für politische Befreiung‹ unter der amerikanischen Militärregierung ausgeübt hatte. Das war ein regelrechter Familienauftritt.

Nürnberg, meine neue Heimat

Am 17. Juli 1951 heirateten Bertold und ich in Schorndorf. Bertold studierte an der Uni in Tübingen und zuletzt in Erlangen Jura und später Sozialwissenschaften. Wir zogen nach Nürnberg – so kam ich ein weiteres Mal in eine neue Heimat. Geld verdiente Bertold sich als Leiter des Waldheims ›Freundschaft‹ im Nürnberger Reichswald. Dort wurden Kinder und Jugendliche betreut, die ihre Eltern verloren hatten und ausgebombt waren.

Als 1951 das Jugendwohnheim an der Marthastraße in Nürnberg den Betrieb aufnahm, bewarb sich Bertold. Das Heim wurde später nach Loni Übler, dem Ersten Vorsitzenden der Arbeiterwohlfahrt, benannt. Allerdings wurde für den Posten ein Ehepaar gesucht. So war unsere Hochzeit eigentlich eine Art Muss-Ehe.

Wir stellten uns gemeinsam beim verantwortlichen Stadtdirektor Karl Maly vor. Als mich dieser fragte, was ich denn könne, antwortete ich wahrheitsgemäß: »Im Haushalt kann ich nichts, ich kann aber Kulturarbeit betreiben.«

Maly war gerade darüber begeistert, und wir bekamen den Posten.

Die Ergänzung von Politik und Kultur war ausschlaggebend für unsere glückliche Ehe. Auch als Bertold in die hohe Politik des Bayerischen Landtags aufstieg, funktionierte diese Symbiose bestens. Bertold ließ mir völlig freie Hand in der Kulturarbeit.

Meine Mutter hatte einst zu mir gesagt: »Der arme Mann, der dich einmal heiratet, tut mir leid, denn du hast ja kein Interesse am Haushalt.«

Wenn ich später zum Beispiel Wäsche aufhängte, dachte ich oft daran. Wenn es so etwas gibt wie ein ›Oben‹, von wo man herunterschaut, so wäre jedoch meine Mutter sicherlich mit mir als Ehefrau, Hausfrau und Mutter zufrieden.

Dank

Mein Dank geht an Dr. Wolfgang Mayer für die Idee und die Ausarbeitung dieses Buches sowie an Anja-Nadine Mayer für Lektorat, Layout und ihre Hilfe zur Veröffentlichung.

Ruth Kamm

Ruth Kamm wurde 1924 in Niedobczyce in polnisch Oberschlesien geboren. Sie verbrachte ihre Jugend zeitweise rechts, zeitweise links der Oder. Ihr Leben war stets der Musik gewidmet. 1945 flüchtete sie vor dem Kriegsgeschehen nach Schorndorf. 1951 heiratete sie den SPD-Politiker Bertold Kamm, der von 1978 bis 1986 als Vizepräsident des Bayerischen Landtags und 20 Jahre lang von Nürnberg aus als Vorsitzender der Arbeiterwohlfahrt Bayern wirkte.